Andrea Warda

Die Vereinbarkeit von Beruf und Familie

Der Beitrag Sozialer Arbeit im Mehrgenerationenhaus

Diplomica® Verlag GmbH

Warda, Andrea: Die Vereinbarkeit von Beruf und Familie. Der Beitrag Sozialer Arbeit im Mehrgenerationenhaus, Hamburg, Diplomica Verlag GmbH 2007

ISBN: 978-3-8366-5577-4
Druck Diplomica® Verlag GmbH, Hamburg, 2007
Zugl. Evangelische Fachhochschule Hannover, Hannover, Deutschland, Diplomarbeit, 2005

Bibliografische Information der Deutschen Bibliothek
Die Deutsche Bibliothek verzeichnet diese Publikation in der Deutschen Nationalbibliografie;
detaillierte bibliografische Daten sind im Internet über
<http://dnb.ddb.de> abrufbar.

© Diplomica Verlag GmbH
http://www.diplom.de, Hamburg 2007
Printed in Germany

Inhaltsverzeichnis

Einleitung

Wir leben in einer Zeit des Umbruchs: die Globalisierung fordert von Menschen und Märkten ein hohes Maß an Mobilität. Mit den Formen der Wirtschaft verändern sich auch die Formen des Zusammenlebens. Doch mitten in allen Umwälzungen und Neuerungen gibt es eine Konstante. Das ist die Familie.[1] Um diese Kostante, ihre Bedeutung und Möglichkeit oder Unmöglichkeit sie in Verbindung mit Erwerbstätigkeit der Eltern zu leben geht es in dieser Arbeit. Das Thema der Vereinbarkeit von Beruf und Familie ist schon seit einiger Zeit, vermehrt seit etwa einem halben Jahr, in aller Munde. Es vergeht kaum ein Tag ohne neue Berichterstattungen über die angestrebte Familienfreundlichkeit Deutschlands, fehlende Kinderbetreuung, Geburtenrückgang und somit unser überaltertes Land. Zeitungsartikel mit den Schlagzeilen „Wohin mit den Kleinsten?", „Kinder als Gewinn – wo Eltern sorglos arbeiten", „Gemeinsam für Familien", „Beruf und Familie? So geht´ s!", "Stadt bietet Ausbildung für Tagesmütter", „Beruf und Baby – wie geht das?", „Krippenkinder, Rabenmütter?", „Familienfreundlichkeit rechnet sich", „Busemann: Weniger Pillen, mehr Erziehung" oder auch „Land ohne Kinder" gehören fast schon zur Tagesordnung. Auch Gerhard Schröder mit seiner Grundsatzrede zur nachhaltigen Familienpolitik im April 2005 hat genau diesen Nerv getroffen. Er beschreibt dort die Familie als Erfolgsfaktor für die Wirtschaft und fordert von den Unternehmen, mehr zur Vereinbarkeit beizutragen, denn die Unternehmen setzten sich seiner Ansicht nach nicht genug für das Wachstum von Familien ein. Es sei Aufgabe von Politik, Wirtschaft und allen Gruppen der Gesellschaft zusammen, dass in Deutschland genügend Kinder geboren und gut ausgebildet würden. „Wir müssen auf jeden Fall die Vereinbarkeit von Familie und Beruf weiter verbessern."[2] Die Steigerung der Geburtenrate in Deutschland bezeichnete Schröder als „strategische Aufgabe ersten Ranges". Die Bundesregierung wolle Deutschland bis zum Ende des Jahrzehnts zum familienfreundlichsten Land in Europa machen. Dies solle sich nicht nur für die Wirtschaft, sondern auch für die Familien auszahlen. Konkret fordert der Kanzler mehr Unterstützung der Unternehmen bei der Kinderbetreuung. Vor allem Frauen im Westen hätten Angst, dass sie wegen fehlender Betreuungsplätze für Kinder nur schwer oder gar nicht wieder in ihren Beruf zurückkehren könnten. „Wir dürfen aber nicht zulassen, dass

---

[1] Vgl. Bundesministerium für Familie, Senioren, Frauen und Jugend, 2003: Seite 5
[2] Gerhard Schröder in http://focus.msn.de/hps/fol/newsausgabe/newsausgabe.htm?id=13528 / Zugriff am 13.04.2005

sich eine junge Frau gegen ein Kind entscheidet, nur weil sie vor die Alternative Kind oder Karriere gestellt wird"[3], sagte Schröder. Auch müsse dafür gesorgt werden, dass Familien mit Normaleinkommen nicht der Kosten wegen, die Kinder nun einmal verursachen, auf ein solches verzichten.[4]

Meiner Ansicht nach, und das ist mein Hauptanliegen, sollte es hier aber nicht um die Wirtschaft sondern um die Entscheidungsfreiheit für oder gegen Kinder, sowie um die Zufriedenheit und Gesundheit von Familien bzw. Menschen gehen. Interessant oder besser erschreckend empfinde ich es, wenn in einem Bericht über die Vereinbarkeitsproblematik in Deutschland im Vergleich zu der in Frankreich ganz klar wird, dass es diese dort gar nicht gibt. Das Wort Kinderfeindlichkeit existiert im Französischen nicht[5], genauso wie „Fremdbetreuung", „Kinder abgeben", „sich Kinder anschaffen" in Frankreich unbekannte Begriffe sind.[6] Die Frage dort sei nicht, ob man bzw. Frau ein Kind bekommt, sondern lediglich ob zwei, drei oder vier.[7]

Dies alles hat mein Interesse an der Auseinandersetzung mit diesem Thema zwar nicht geweckt, wenn doch verstärkt. Angefangen hat es eigentlich damit, dass aus meinem Bekanntenkreis vermehrt laut wurde, dass Mütter keiner oder nur sehr eingeschränkter Arbeit nachgehen konnten aufgrund fehlender Betreuungsmöglichkeiten für die Kinder. Weiterhin ging es darum, dass man rechnen müsse, ob man sich ein Kind leisten könne, ob der finanziellen Einbußen und des Bruchs der Erwerbsbiographie der Frau. Dies mündete in die Aussage, dass der Geburtenrückgang auch dadurch bedingt sei, dass immer weniger Familien u.a. aus finanziellen Gründen Kinder bekommen können – vielleicht doch aber gerne würden. Es sollten also durch eine verbesserte Vereinbarkeit von Beruf und Familie und somit verbesserte Rahmenbedingungen all diejenigen Kinder bekommen können, die es sich wünschen.

Auf die Mehrgenerationenhäuser bin ich durch einen Zeitungsartikel aufmerksam geworden. Da die ältere Bevölkerung zunimmt und dabei aktiv bleibt halte ich dieses Projekt für gut und zukunftsträchtig. Hier geht es nun jedoch weniger um die älteren Menschen, sondern um die jungen Familien und die Unterstützungsmöglichkeiten durch ein Mehrgenerationenhaus. Um mehr Informationen über Mehrgenerationenhäuser zu bekommen und ein konkretes vorstellen zu können, bin ich nach Pattensen gefahren und habe mir vor Ort die Einrichtung und Arbeit angesehen.

---

[3] Gerhard Schröder in http://focus.msn.de/hps/fol/newsausgabe/newsausgabe.htm?id=13528 / Zugriff am 13.04.1005

[4] vgl. http://focus.msn.de/hps/fol/newsausgabe/newsausgabe.htm?id=13528 / Zugriff am 13.04.1005

[5] vgl. Rosenkranz,2005: Seite 29

[6] vgl. ebenda: Seite 37

[7] vgl. ebenda: Seite 29

„Die Vereinbarkeit von Beruf und Familie – Der Beitrag Sozialer Arbeit im Mehrgenerationenhaus". Um sich diesem äußerst spannenden wie umfangreichen Thema anzunähern und einen bestimmten Fokus in der Bearbeitung zu legen lauten meine erkenntnisleitenden Fragen:

- Was bedeutet Vereinbarkeit von Beruf und Familie und wodurch wird sie erschwert?
- Warum sehen sich vorwiegend Frauen vor diese Schwierigkeit gestellt?
- Was brauchen bzw. was entlastet Familien?
- Welchen Beitrag kann das Mehrgenerationenhaus zur Vereinbarkeit von Familie und Beruf leisten und wo liegen seine Grenzen?

Aufgrund der Aktualität des Themas Vereinbarkeit habe ich auch auf Internetseiten zugegriffen, da dort die aktuellsten Zusammenfassungen, die teils noch nicht in Buchform vorgelegen haben, zu finden waren. Auch zum Thema Mehrgenerationenhaus gibt es keine Literatur, daher der Rückgriff auf das Internet.

Aufgrund der Breite des Themas und der Fülle der dazu vorhandenen Literatur habe ich es noch weiter eingrenzen müssen. Es soll in dieser Arbeit ausschließlich auf die Vereinbarkeit von Kind und Beruf eingegangen werden und nicht auf den Fall der Versorgung von Hilfe- und Pflegebedürftiger. Auch diese besondere Lebenssituation erfordert besondere Maßnahmen, die hier allerdings nicht diskutiert werden sollen und können. Wobei auch diese Aufgaben noch immer frauenspezifisch sind und eine weitere Belastung bzw. Aufgabe bedeuten.

Die Vereinbarkeit von Beruf und Familie sollte ein Thema für beide Geschlechter sein und ist dies sicher auch schon vereinzelt. Es scheint jedoch ein Thema zu sein, dass überwiegend Frauen betrifft. Daher und aus Gründen der weiteren Eingrenzung der Thematik habe ich mich auf die Frauen in diesem Spannungsfeld beschränkt. Eine weitere Einschränkung ist der Blick auf die Familie im Sinne der traditionellen Kleinfamilie mit Vater, Mutter und Kind, egal ob die Eltern verheiratet sind oder nicht. Es ist klar, dass Alleinerziehende einer weiteren, spezifischeren, höheren, besonders finanziellen Belastung ausgesetzt sind, was hier allerdings nicht Schwerpunkt sein wird.

Zum Aufbau der Arbeit ist zu sagen, dass sie aus sechs Kapiteln besteht. Das erste beinhaltet eine Beschreibung der gesellschaftlichen Bedingungen, eine Klärung des Begriffs Familie und deren Bedeutung. Weiterhin wird dort auf die Geschichte der Familie als auch auf ihren Wandel bis heute eingegangen. Das zweite Kapitel beinhaltet eine Klärung des Begriffs und der Bedeutung von Berufstätigkeit. Im dritten Kapitel wird der Frage nachgegangen, ob die Vereinbarkeit von Beruf und Familie ein typisches Problem von Frauen ist und was unter Vereinbarkeit zu verstehen ist. Zur Klärung dieser Fragen werden die weiblichen Sozialisationsfaktoren und die traditionelle Arbeitsteilung und ihre Auswirkungen auf die Geschlechter beleuchtet, sowie die sich daraus ergebenden speziellen Problemlagen von Frauen beschrieben. Es geht auch darum, was Vereinbarkeit bedeutet, warum sie wichtig ist, was sie behindert und was Familien brauchen. Im vierten Kapitel werden Mehrgenerationenhäuser generell und speziell das Mehrgenerationenhaus Pattensen mit seinen Zielen, Angeboten und den Aufgaben – die praktische Arbeit - der dort tätigen Sozialarbeiterin vorgestellt. Es werden auch die Chancen und Grenzen des Mehrgenerationenhauses diskutiert. Im darauf folgenden fünften Kapitel wird das im Konzept der Mehrgenerationenhäuser schon angedeutete Arbeitsprinzip des Empowerment – also die Theorie – ausgeführt, sowie der Sozialraum definiert. Auch hier werden Möglichkeiten und Begrenzungen beleuchtet. Das sechste Kapitel ist als eine Zusammenführung zu verstehen, als ein Resümee der vorhergegangenen Kapitel. Hier wird der Beitrag der Sozialen Arbeit im Mehrgenerationenhaus dargestellt und reflektiert.

Um die Frauen auch in der schriftlichen Form mit zu berücksichtigen und sichtbar zu machen, verwende ich in dieser Arbeit das große „I". Die wahrscheinlich am meisten Betroffenen sollten auch in der Schriftform erkennbar sein.

Um sich dem Thema anzunähern ist es hilfreich die wichtigsten Begriffe – Familie, Vereinbarkeit und Beruf – zu definieren, sie mit Inhalt zu füllen. Doch zuvor, sozusagen zur Einstimmung, noch Zitate von zwei Frauen, die sehr wahrscheinlich wissen, wovon sie sprechen:

„Keiner stellt infrage, dass Straßen von Steuergeldern finanziert werden müssen, damit Menschen zur Arbeit kommen. Das Gleiche gilt für Kinderbetreuung. Ohne die kommen Mütter nicht aus dem Haus."[8] Inzwischen bleibt rund ein Drittel aller Frauen ohne Nachwuchs. Kinder bedeuten vielen Deutschen längst nicht mehr „ein Gefühl des tiefen Glücks und der Zuversicht, eine ganz einzigartige Antwort auf den Sinn des Lebens."[9] Stattdessen gelten sie als „Armutsrisiko", „Plage" und „etwas ganz Fürchterliches", das man besser gar nicht erst in die Welt setzt, wie Renate Schmidt in einem Interview bedauert. Die Elternschaft in Deutschland bedeutet, vor einer Aufgabe zu stehen, die man einerseits nur selbst erledigen kann, und an der man andererseits scheitern muss. Man schuldet seinem Kind all seine Zeit, all seinen Schlaf, all seine Liebe, all seine Mühe, und es ist doch nie genug. Eine gute deutsche Mutter ist eine Mutter am Rande des Ner-

---

[8] zit. Ursula von der Leyen in: Rosenkranz,2005: Seite 29
[9] zit. Ursula von der Leyen ebenda

venzusammenbruchs, die sich trotzdem schuldig fühlt. Und wer fühlt sich schon gerne permanent schuldig?[10] „Außerhalb des Jobs ist man eine Rabenmutter, die ihre Kinder abgibt, im Job ist man jemand, ach Gott, auf die können wir gleich verzichten. Nach dem ersten Kind lautete das unterschwellige Urteil über mich im Kollegenkreis: Wissenschaftlich ist die eine Null, die kriegt ja Kinder. Die kann auf Station arbeiten. Als ich das dritte Kind erwartete, sagte der Oberarzt zu mir vor versammelter Mannschaft: Frau von der Leyen! Sie sind wohl zu faul zum Arbeiten!"[11]

1 Zum Begriff und Wandel der Familie in Deutschland

Um sich dem Begriff der heutigen Familie zu nähern, ist es wichtig, die gesellschaftlichen Bedingungen in denen sie existiert zu charakterisieren und die Auswirkungen dieser Bedingungen zu schildern. Es soll hier auch eine Klärung des Begriffs Familie stattfinden, ihre Funktion und Bedeutung beleuchtet und die für diese Arbeit bedeutenden Eckdaten aus der Geschichte und dem Wandel der Familie bis heute dargestellt werden.

1.1 Gesellschaftliche Bedingungen

Die sozialwissenschaftliche Diskussion zum Ende des 20. Jahrhunderts in Deutschland ist deutlich durch die Thematik der „Risikogesellschaft" geprägt. Dieser Begriff verweist auf einen seit Ende des 19. Jahrhunderts anhaltenden gesellschaftlichen Prozess der Individualisierung, als Konsequenz beschleunigter ökonomischer und sozialer Arbeitsteilung, den Emile Durkheim schon damals beschrieben und Ulrich Beck fast hundert Jahre später systematisch neu gefasst hat. Schon Anfang des 20. Jahrhunderts wurde die ganze Tragweite dieses Individualisierungsprozesses bewusst und in seinen Konsequenzen freigelegt.[12] Die Individualisierung als eine Folge des Modernisierungsprozesses wird von Beck in drei Dimensionen unterteilt:[13]

- Die Auflösung tradierter Sozial- und Kontrollbedingungen: die Herauslösung und Freisetzung des Individuums aus historisch vorgegebenen Sozialformen und -bindungen im Sinne traditionaler Herrschafts- und Versorgungszusammenhänge von Familie, sozialem Milieu und Klassenkultur.

---

[10] vgl. Rosenkranz,2005: Seite 29
[11] zit. Ursula von der Leyen in: Rosenkranz,2005: Seite 36
[12] vgl. Beck und Beck – Gernsheim, 1994: Klappentext
[13] vgl. Beck, 1986: Seite 206

- Die Erosion normativer Sinnhorizonte: der Verlust von traditionellen Sicherheiten und festen Wertbindungen im Hinblick auf Handlungswissen, Glaubenssystemen und verpflichtenden Normen einer subjektiven Alltagsethik.

- Die Entstrukturierung der subjektiven Lebensläufe: die Auflösung festgefügter und sozial normierter Lebenswegprogramme, die Vervielfältigung der prinzipiell wahloffenen biographischen Optionen und die Suche nach neuen, sicherheitsspendenden Formen sozialer Einbindung.

Individualisierung bedeutet also Herauslösung bzw. Freisetzung, Stabilitäts- und Sicherheitsverlust sowie Wiedereinbindung in neue Systeme.[14] Im Individualisierungstheorem ist die These enthalten, dass die Menschen in solchen Prozessen der sozialen Freisetzung immer auch nach neuen Formen sozialer Integration suchen. Denn der moderne Mensch in einer hoch arbeitsteiligen Gesellschaft ist existentiell auf andere angewiesen und kann nur lebendig sein, wenn er sozial irgendwie eingebunden ist.[15]

Die Industrie- und Dienstleistungsgesellschaft verlangt ein kompliziertes Netz von Entscheidungen von jedem Einzelnen. Die Grundlagen des sozialen Zusammenlebens haben sich fundamental verändert. Es gibt sowohl Chancen als auch Risiken der beschriebenen Individualisierung. Jeder muss für sich entscheiden, wo er steht und welche Regeln für ihn gelten. Beck sagt, dass dadurch der Blick für das eigene Leben geschärft wird. Der Mensch wird nicht mehr, wie vor 10 bis 20 Jahren, durch den gesellschaftlichen Rahmen von Normen und Traditionen geleitet. Jede Biografie stellt den einzelnen vor immer mehr folgenreiche Entscheidungen, woraus sich eine Vielzahl von Biografievarianten ergibt. Dies beinhaltet auch den Zwang „basteln" zu müssen; jeder hat die Verantwortung das eigene Leben in den Griff zu bekommen. Dieser Anspruch, diese Anforderung wächst weiterhin. In der westlichen Welt steigt der Wunsch nach eigenem Leben. Als Grund für diesen Aufbruch wird der Mensch selbst angeführt, seine abnehmende Bereitschaft Vorgegebenes auszuführen, sich einzuordnen, zu verzichten usw. Menschen werden im dauernden Wechsel zwischen verschiedenartigen z.T. unvereinbaren Verhaltenslogiken zerrieben bzw. hin und her gerissen. Um dies zusammenzubringen ist eigener Einsatz nötig, da es für diese neuartigen Anforderungen keine „traditionellen" Lösungen gibt oder sie nicht mehr angemessen sind. Bindende Traditionen werden durch Vorgaben das eigene Leben zu organisieren ersetzt. Die Normalbiografie wird zur Wahlbiografie. Dies gilt auch für die weibliche Normalbiografie, was später noch weiter ausgeführt wird.

---

[14] vgl. Beck, 1986: Seite 206
[15] vgl. ebenda

Menschen sind gezwungen sich selbst sowie die Traditionen und Werte neu zu definieren. Dem Menschen wird ein Leben zugemutet, das durch die unterschiedlichsten, einander widersprechender globaler und persönlicher Risiken und Anforderungen gekennzeichnet ist. Der Mensch muss aktiv sein und täglich Entscheidungen treffen, ist ständig unkalkulierbaren Unsicherheiten ausgesetzt. Es gibt immer mehr Entscheidungsmöglichkeiten und immer weniger „fremde Ursachen".

Überlieferte Rollen sowie Rollenstereotypen (auch Geschlechterrollen) versagen, die Zukunft kann nicht mehr aus der Herkunft jedes Einzelnen abgeleitet werden. Dies bewirkt eine Unruhe des Zeitgeistes, weil niemand weiß, wie dies gelingt. Es besteht nicht nur die Möglichkeit, sondern regelrecht ein Zwang zu Selbstverwirklichung und Selbstbestimmung, welcher in Verzweiflung umschlagen kann. Nicht jeder Mensch ist „gemacht" für Veränderungen. Dies kann eine dauerhafte, elementare Überforderung bedeuten. Das eigene Leben wird als Lebensform hoch bewertet und erzeugt auch das Ideal der Liebesehe als sozialemotionalen Rückhalt. Die Ehe wird nicht mehr traditionell und materiell gesehen, sondern emotional und individuell.[16]

Die Individualisierung und Pluralisierung nach Beck stürzt Menschen in Krisen, da Altbekanntes nicht mehr funktioniert oder sie mit völlig unbekanntem Neuen konfrontiert werden für das sie keine Bewältigungsstrategie haben. Daraus ergeben sich soziale Probleme.

1.2 Zum Begriff der Familie

In der Fachliteratur finden sich viele verschiedene Definitionen des Begriffs „Familie". Die Komplexität, die dieser Begriff heute mit sich bringt, wird in dem Versuch einer Definition im Sinne dieser Arbeit sehr deutlich. Bei näherer Untersuchung stellt man fest, dass sich das Wort „Familie" erst seit dem 17. Jahrhundert im deutschen Sprachgebrauch verbreitete, ausgehend von dem französischen Wort „famille". Dieser neue Begriff ersetzte den älteren des „Hauses". Damit wird also schon deutlich, dass die gesamte Gemeinschaft eines Hauses als Familie bezeichnet werden sollte, eine Einheit zu der auch das Gesinde gehörte. Auf näheres gehe ich später noch weiter ein. Aber man sieht schon das Problem dieser Definition. Es wird nur von zusammenwohnenden Personen gesprochen, ohne damit im geringsten unserer heutigen Auffassung von Familie zu entsprechen. Nicht die Kernfamilie wird dadurch definiert, sondern die „große Haushaltsfamilie". Betrachten wir nun einmal die heutigen Definitionen des Begriffes „Fami-

---

[16] vgl. Beck et al; 1995: Seite 5 und 9 bis 17

lie". So heißt es: „Eine Familie ist im weitesten Sinne eine Kleingruppe mit einem spezifischen Kooperations- und wechselseitigem Solidaritätsverhältnis, deren Hauptaufgabe in der biologischen und sozialen Reproduktion der Gesellschaftsmitglieder besteht".[17] Oder die Feststellung Neidhardts: „Aus einer Ehe wird eine Familie aber erst dann, wenn die Ehepartner zu Eltern werden".[18] Daraus ergibt sich dann wieder das Problem, ab wann man eine „Gruppe" eine „Familie" nennen kann. Eine ähnliche, etwas enger gefasste Definition findet Hermann L. Gukenbiehl:[19] „Familie [...] ist eine aus dem frz. „famille" übernommene Bezeichnung für eine familiale Lebensform, die sich im städtischbürgerlichen Lebensraum des 19. Jahrhunderts ausprägte. Allgemein weist eine familiale Lebensform als Kern zumindest eine relativ dauerhafte und legitimierte Beziehung zwischen einer / einem Erwachsenen und einem Kind auf (Elternschaft / Kindschaft), wobei dem Erwachsenen die Hauptverantwortung für die Fürsorge und die Sozialisation des Kindes zukommt".[20] „Als Familie im Sinne der amtlichen Statistik zählen... Ehepaare ohne oder mit Kindern, sowie alleinerziehende, ledige, verheiratete getrennt lebende, geschiedene und verwitwete, Väter und Mütter, die mit ihren ledigen Kindern im gleichen Haushalt zusammen leben".[21] Ich kann mich mit einer Einschränkung an diese Definition anlehnen. Hier greife ich aus der Definition Gukenbiehls heraus, dass der Kern einer Familie mindestens aus einem Erwachsenen und einem Kind besteht und der Erwachsene die hauptsächliche Verantwortung für das Kind hat. Somit schränke ich die Definition des Statistischen Bundesamtes lediglich in soweit ein, dass kinderlose Ehepaare nicht zur Familie zählen. Für meine Arbeit macht dies in soweit Sinn, als das die Vereinbarkeit von Familie und Beruf erst dann voll zum tragen kommt, wenn ein Kind zu versorgen ist. Es ist klar, dass auch schon vorher Probleme entstehen können durch evtl. Ungleichverteilung der Familienarbeit. Dies beinhaltet jedoch nicht den wesentlichen Aspekt dieser Arbeit. Abschließen will ich diesen Teil mit folgender Definition, die wohl doch die treffendste ist. „Unser Familienbegriff", so heißt es im aktuellen Koalitionsvertrag, „ist so vielfältig wie die Lebensumstände der Menschen: Familie ist für uns, wo Kinder sind. Uns geht es um die Kinder und die Eltern – unabhängig davon, in welcher Lebensgemeinschaft sie zusammenleben."[22]

---

[17] zit. Geißler, 1996: Seite 306
[18] zit. Neidhardt, 1975: Seite 9
[19] zit. Gukenbiehl in Schäfers, 1998: Seite 80
[20] zit. Schäfers ebenda
[21] zit. Familie (Definition), www-zr.destatis.de, Statistisches Bundesamt, 28.07.2005
[22] zit. Nöthen, 2005: Seite 33

1.3 Zur Funktion und Bedeutung der Familie

Wie schon gesagt wird in der Fachliteratur die Komplexität des Themas Familie sehr deutlich. Es werden ihre Funktionen beleuchtet, Funktionsverlust und Funktionswandel werden thematisiert. Zu diesem Thema möchte ich nur kurz anmerken, dass für mich und meine Arbeit zwei beschriebene Funktionen besonders wichtig erscheinen. Dies ist zum einen die Solidaritätsfunktion. Sie bietet den Familienmitgliedern Sicherheit, Schutz und Geborgenheit. Dies geschieht zum Teil durch Hilfen bei Krankheit und Krisen. Zum zweiten die Funktion des Spannungsausgleichs, welche in der Familie dem Menschen die Möglichkeit zur Bewältigung von Problemen geben kann, welche im Zusammenhang mit der Öffentlichkeit und ihren geforderten Einstellungen und Verhaltensweisen wie Sachlichkeit und Rationalität steht. Die Familie bietet demgegenüber einen Ausgleich: Chance zur Selbstbestimmung, Selbstdarstellung, Gefühlsbetonung, Entfaltung und Verwirklichung.[23] So leistet die Familie einen wichtigen Beitrag zur Erhaltung der psychischen Gesundheit.[24] Sie bietet im allgemeinen auch ein Zuhause, Heimat, Rückenstärkung, Unterstützung und Hilfe, Arbeitsteilung und Erfahrungsaustausch. Somit ist die Funktion der emotionalen Stabilisierung und Unterstützung in einer Zeit der Schnelllebigkeit, dauernder schneller Veränderung, Leistungsgesellschaft, hoher immer steigender Anforderungen, Unsicherheit und Zukunftsangst, Arbeitslosigkeit und vielem mehr besonders wichtig. Es geht in dieser Arbeit nicht um wirtschaftliche und gesellschaftliche Aspekte der Familie, sondern um Sinngebung, Geborgenheit, gesunde Menschen und Kinder, nicht um die Sicherung des Generationenvertrags oder anderen wirtschaftlichen Nutzen.

Weiterhin ist die Familie eine fundamentale Erfahrung. Sie prägt uns fürs Leben. In der Art des Charakters, in unseren Werten und Normen und in der Akzeptanz von Erlaubtem und Verbotenem, von Gut und Böse und sie bestimmt das Bild, dass wir von anderen und der Gesellschaft haben. Die Erfahrungen in der eigenen Familie statten nicht nur für das künftige Leben aus, sie prägen auch unsere Stellungnahmen zur Familie als Thema. Eine glückliche Kindheit lässt anders über Familie denken als entbehrte Wärme und Vertrautheit oder erlittene Kränkungen. Gerade solcher Schmerz birgt die Gefahr in sich, ein idealisiertes Bild von Familie zu entwerfen, das mit seinen Ansprüchen die konkret handelnden Personen überfordern kann. Die Veränderungen der familialen Realitäten bringen auch vielfältige Probleme mit sich. Die Anforderungen Familie zu leben,

---

[23] vgl. Hamann, 1988: Seite 31
[24] vgl. Textor, 1991, o. Seite

der Stellenwert und die Erwartungen, die an Familie geknüpft sind, stehen in direktem Widerspruch zu der Vorbereitung auf Ehe und Familie. Die Orientierung in familialen Lebensformen sind durch eine Grundspannung des Willens nach Freiheit und dem Bedürfnis nach Bindung bestimmt. Während letzteres in den Familien gesuchten Werte wie Treue, Nähe, Wärme, Geborgenheit und Intimität zum Ausdruck kommen, äußert sich der Wille nach Freiheit in den Ansprüchen nach individueller, auch finanzieller, Unabhängigkeit und in dem Streben nach Selbstverwirklichung. Vorstellungen, die nicht einfach zu vereinbaren sind. Neben persönlichen Lebenswegentscheidungen und -gestaltungen müssen moderne Beziehungsformen auch immer in ihrer oben beschriebenen gesellschaftlichen Dimension gesehen werden, denn dadurch wirken hohe Erwartungen und Belastungen von außen auf die Beziehungen ein.[25]

1.4 Zu Geschichte und Wandel der Familie

Das in der Begriffsdefinition schon kurz erwähnte „ganze Haus" war bis zur Industrialisierung das weitverbreitetste Wirtschafts- und Sozialgebilde. Es war sowohl eine Produktions- und Arbeitsgemeinschaft als auch eine Verbrauchs- und Versorgungsgemeinschaft.[26] Alle Mitglieder des „ganzen Hauses" unterstanden dem gemeinsamen Ziel des Überlebens. Sie befanden sich meist am Rande des Existenzminimums. Der eigene Bedarf konnte nur gesichert werden, wenn alle fast rund um die Uhr mitarbeiteten. Somit waren die im „Haus" vorherrschenden zweckmäßigen Beziehungen für das Überleben wichtiger als gefühlsmäßige.[27] Das „Haus" der Handwerker und Bauern war eine Lebensgemeinschaft, zu der (wie oben schon angedeutet) sowohl Eltern, Kinder und oft unverheiratete Verwandte als auch Lehrlinge und Gesellen bzw. Mägde und Knechte gehörten. Die weit verbreitete Vorstellung, dass es in der vorindustriellen Zeit nur mehrgenerationelle Großfamilien gab, ist so nicht richtig (hohe Sterblichkeit, hohes Heiratsalter, niedrige Lebenserwartung).[28] Die Beziehungen unter den Mitgliedern des „Hauses" waren, wie oben schon erwähnt, zweckmäßig. Dies fällt besonders im Verhältnis der Geschlechter und in der Stellung der Kinder auf. Für eine Heirat waren wirtschaftliche Aspekte und die Interessen des „ganzen Hauses" ausschlaggebend.[29] Im Hinblick auf die Arbeits- und Aufgabenverteilung kann man sagen, dass der Mann das Oberhaupt und absolute Autoritätsperson des „ganzen Hauses" war. Aber auch die Frau

---

[25] vgl. Textor, 1991, o. Seite
[26] vgl. Meyer, 1992: Seite 31
[27] vgl. Textor, 1991: o. Seite
[28] vgl. Textor, 1991: o. Seite
[29] vgl. Meyer, 1992: Seite 33 f.

12

hatte ihre festen Aufgaben in der Hausgemeinschaft.[30] Sie hatte Hoheit und Machtbefugnisse über den häuslichen Bereich, sowie die finanzielle Verfügungsmacht. Die Kinder des „Hauses" hatten ebenfalls ihre Funktion im Produktionsprozess. Sie mussten mitarbeiten und wie die anderen dem Zweck des Überlebens dienen. Ihre Kindheit dauerte nicht lange, und für ihre Erziehung und Pflege wurde nur wenig Zeit verwendet. In der Beziehung zwischen Eltern und Kindern spielten Gefühle keine große Rolle. Hierbei ist jedoch zu bedenken, dass viele Kinder noch im Säuglingsalter starben.[31]

Mit den großen wirtschaftlichen, technisch – industriellen und politischen Veränderungen im späten 18. und 19. Jahrhundert änderten sich die Handlungsorientierungen und -bedingungen der Menschen. Der starke Bevölkerungswachstum, die Verarmung der Landbevölkerung sowie die Bauernbefreiung führten zu starken Wanderungsbewegungen in andere Länder sowie in die Stadt. Als dritte Auswanderungsform kann man die alltägliche Wanderung zwischen Wohnung und Arbeitsplatz bezeichnen.[32] Mit dem Produktionsanstieg hingen Faktoren zusammen wie Spezialisierung der Arbeit, Einsatz von Maschinen, anhaltender technischer Fortschritt, Mobilisierung von Kapital und eine deutliche Trennung zwischen lohnabhängigen Arbeitern und zwischen Besitzenden von Produktionsmitteln. Ein Heer von Arbeitskräften zusammenhängend mit der Agrarrevolution suchte Beschäftigung in den neuen Industrien. Die gesellschaftlichen Veränderungen durch die Industrialisierung und andere Faktoren riefen auch ein neues Familienmodell hervor: das bürgerliche Familienmodell. Die bürgerliche Familie unterscheidet sich in folgenden Punkten von der Familie des „ganzen Hauses":

- Trennung von Wohnung und Arbeit,
- Gesinde und Dienstboten sind räumlich getrennt und erhalten zunehmend Angestelltenstatus,
- die Familie wird privat und die Ehe wird emotionalisiert und intimisiert und hebt somit die Austauschbarkeit der Partner auf,
- die Polarisierung der Geschlechter: Die Frau wird auf die unbezahlte Haushaltsorganisation / Erziehung verwiesen und verliert die finanzielle Verfügungsmacht. Der Mann geht der bezahlten Erwerbsarbeit nach und hat die Machtposition in der Familie,
- Kindheit wird zu einer selbständigen, anerkannten Lebensphase.

---

[30] vgl. Meyer, 1992: Seite 35
[31] vgl. Textor, 1991: o. Seite / Meyer, 1992: Seite 36 f.
[32] vgl. Rerrich, 1998: Seite 34

Die bezahlte Erwerbsarbeit erfuhr eine immer stärkere gesellschaftliche Wertschätzung, während unbezahlte Tätigkeiten wie Hausarbeit, Kindererziehung oder häusliche Pflegetätigkeiten immer weniger als Arbeit und statt dessen als quasi – natürliche Beschäftigung von Frauen verstanden wurden. Auch das Verhältnis von Familie, von Männer- und Frauenrollen und vom Verhältnis der Geschlechter zueinander veränderte sich. Im individuellen Bewusstsein wie auch in den gesellschaftlichen Normen wurden die Erwerbsarbeit wie auch das öffentliche Leben noch deutlicher als in früheren Epochen zur „Männersache", Haushalt und privates Leben dagegen zur „Frauensache".[33] Diese bürgerliche Geschlechter- und Familienideologie stellte ein unhinterfragtes Leitbild dar, dem zufolge die „züchtige Hausfrau" unter Zuhilfenahme von Dienstpersonal für den Haushalt, die Erziehung der Kinder und das Wohlbefinden des arbeitenden Mannes zu sorgen hatte, obwohl nur eine Minderheit der Familien tatsächlich einen solchen Lebensentwurf realisieren konnte.[34]

Besondere Auswirkungen hatte damit die Entwicklung der Trennung von Arbeits- und Familienstätte für die Frauen, weil sie gleichzeitig die hauswirtschaftlichen von den erwerbswirtschaftlichen Tätigkeiten schied und damit eine Gruppe von Frauen erstmalig allein auf den Innenbereich des Hauses verwiesen wurde. Durch die fehlende gesellschaftliche Anerkennung unbezahlter (Familien-) Arbeit und den Verlust der finanziellen Verfügungsmacht manifestierte sich eine Abwertung der Frau bzw. der Frauenrolle.[35]

1.5 Familie heute

Ein weiterer entscheidender Punkt des in Kapitel 1.1 beschriebenen Individualisierungsprozesses ist die Individualisierung des weiblichen Lebenslaufes. Mit dem verstärkten Übergreifen des Individualisierungsprozesses auf die Frau ist nicht mehr nur eine Person (der Mann) mit Entscheidungszwängen konfrontiert Die traditionelle Selbstverständlichkeit Hausfrau, Ehefrau und Mutter zu sein, hat nachgelassen. Die Frau hat auch einen Anspruch auf Beruf bzw. Karriere und Selbstverwirklichung.[36] Ereignisse, die zur Veränderung der Rolle der Frau beigetragen haben, unter anderem:[37]

- die Reform des Ehe- und Familienrechts 1976 / 1977,
- die Studenten- und Frauenbewegung,

---

[33] vgl. Mogge – Grotjahn, 2004: Seite 15 bis 23
[34] vgl. ebenda
[35] vgl. Nave – Herz, 2004: Seite 40 bis 52 / Mogge – Grotjahn, 2004: Seite 15 bis 23
[36] vgl. Peuckert 2004: Seite 253
[37] vgl. Peuckert 2004: Seite 198

- verbesserte Planungsmöglichkeiten einer Schwangerschaft,
- Abgabe von Erziehungsaufgaben an Institutionen wie Kindergarten / Schule,
- Mechanisierung der Haushalte,
- Angleichung der Bildungschancen,
- Verändertes Selbstbewusstsein.

Von der Frauenbewegung wurden Veränderungen gefordert, die sich insbesondere auf die innerfamiliale Arbeitsteilung, auf die sexuellen Beziehungen, auf egalitärere Machtstrukturen und auf die Anerkennung der Erwerbstätigkeit von Müttern bezogen. Durch das verbesserte Schul-, Ausbildungs- und Berufssystem für Frauen gibt es heute eine hohe Zahl qualifiziert ausgebildeter Frauen wie noch nie, wodurch das Berufsengagement von Frauen steigt. Der Anteil erwerbstätiger Mütter ist vor allem seit den 1970er Jahren ständig angestiegen. 1950 war jede vierte Mutter von Kindern unter 18 Jahren, 1961 jede dritte, 1991 jede zweite erwerbstätig. Heute sind es zwei Drittel der Mütter mit Kindern unter 15 Jahren. Ihr Anteil schwankt im Hinblick auf die Zahl der Kinder und Familienstand. Am häufigsten sind alleinerziehende Mütter erwerbstätig, meistens auch ganztags. Das Familiensystem aber, einschließlich der geschlechtsspezifischen Arbeitsteilung, hat keine Veränderung in gleich starkem Maße erfahren. Dies gilt auch für den gesellschaftlichen / öffentlichen Bereich. Noch immer ist die Zahl von Krippen, Ganztagskindergärten und -schulen in Deutschland sehr gering; die Halbtagsschulen herrschen bei weitem vor.[38]

Verursachend für die fehlenden Infrastruktureinrichtungen für erwerbstätige Mütter sind nicht nur fehlende staatliche Unterstützungsmaßnahmen, sondern auch die in Deutschland vor allem in der alten Bundesrepublik noch gültige Ideologie, dass Mütter von Kleinst- und Kleinkindern nicht erwerbstätig sein sollten, weil sie die „besten Erzieherinnen" ihrer Kinder wären. Die steigende Kinderlosigkeit in Deutschland ist also kein Indikator für die Ablehnung einer Familiengründung, sondern für die noch immer hohe Akzeptanz des bürgerlichen Familienideals bei gleichzeitig starker Berufsorientierung der Frauen und fehlenden Infrastruktureinrichtungen für die Betreuung von Kindern. Kulturvergleichende Untersuchungen bestätigen diese These, da diese hohe Kinderlosenquote für Frauen – z.B. in Schweden oder in Frankreich – nicht gegeben ist, für Länder also, in denen die Erwerbstätigkeit von Müttern mit Kleinstkindern als selbstver-

---

[38] vgl. Nave – Herz, 2002a: Seite 37 bis 43

ständlich gilt und die Vereinbarkeitsproblematik nicht in dem Maße wie bei uns Gültigkeit besitzt.[39]

Die Veränderungen, die mit dem Individualisierungs- und Modernisierungsprozess einhergegangen sind, haben natürlich Auswirkungen auf das Ehe- und Familienleben. Es wird zunehmend belastet und erschwert. Heute müssen die Vorstellungen und Wünsche von zwei selbstständigen Individuen mit jeweils eigenen Lebensplänen und Zwängen koordiniert werden.[40]

Nach den 1960er Jahren stieg die Zahl anderer Familienformen als der traditionellen Familie an. Vor allem nahm die öffentliche Akzeptanz anderer Familienformen zu. Auch unter ökonomischen Gesichtspunkten wurden sie lebbar, was vorher nicht der Fall war. Dies gilt auch für die in der Gegenwart oft finanzielle sehr schlecht gestellten Mutter – Familien. In Deutschland und den meisten westlichen Ländern haben in den letzten 30 Jahren die nichtehelichen Lebensgemeinschaften stark zugenommen. In den letzten 10 Jahren hat sich ihre Zahl mehr als verdoppelt. Sie betrug 2000 2,1 Millionen. Diese Partnerschaftsform hat bewirkt, dass sich der Ablauf bis zur Ehegründung und die Sinnbelegung der Ehe verändert haben. Heute wird vorwiegend aus drei Gründen geheiratet: wegen Schwangerschaft, eines Kinderwunsches oder wegen Vorhandensein eines Kindes. Deshalb wird auch von einer kindorientierten Ehegründung gesprochen. Die Heirat hat heute die zwingende Notwendigkeit zur Erfüllung bestimmter grundlegender Bedürfnisse sowie als ökonomische Versorgungsinstanz (vor allem für Frauen) an Bedeutung verloren. Die Vermehrung der nichtehelichen Lebensgemeinschaften trug unter anderem zur Abnahme der Eheschließungen und dem Ansteigen des Heiratsalters bei. Die subjektive Wertschätzung von Ehe und Familie (Eltern – Familie) hat jedoch nicht abgenommen. Die meisten, die in einer anderen Lebensform leben, würden die Eltern – Familie bevorzugen und haben ihre derzeitige Lebensform nicht willentlich als Alternative gewählt.[41]

Für immer mehr Kinder haben sich jedoch die Sozialisationsbedingungen durch fehlende Geschwistergemeinschaften und nachbarschaftliche Spielgruppen gewandelt. Das Einzelkind ist also nicht nur in der Familie, sondern auch in der näheren Umgebung allein. Darum wird es nötig, Kinder überhaupt miteinander in Kontakt zu bringen. Mütter werden daher zu „Transporteurinnen" für ihre Kinder, die sie von ihrer „Insel" nach außen in Kontakt bringt.

---

[39] vgl. Nave – Herz, 2002b: Seite 45 bis 62
[40] vgl. Peuckert 2004: Seite 256
[41] vgl. Nave – Herz, 2002a: Seite 13 bis 20

In einer Debatte des Bundestages Anfang der 1980er Jahre wurde erste Sorge über die Familie zum Ausdruck gebracht. Ihr Stellenwert in unserer Gesellschaft sei gering, ideologisch werde sie abgewertet und gerade auch von vielen Frauen missachtet. Mehrere Sprecher deuteten an, wichtigster Urheber der heutigen Familienprobleme sei die Frauenemanzipation. Zu viele Frauen, so wird auch in der weiteren Öffentlichkeit oft gesagt, seien zu sehr auf ihre Selbständigkeit bedacht, zu egozentrisch, zu wenig bereit, sich den Ansprüchen der Familie unterzuordnen. Damit trügen sie dazu bei, die Familie zu schwächen. Ihre Emanzipationswünsche gingen zu Lasten der Familie, in erster Linie zu Lasten der Kinder.[42] Vor allem die Berufstätigkeit von Frauen und generell ihr Verlangen nach Unabhängigkeit seien verantwortlich für zahlreiche Schwierigkeiten: Anstieg der Scheidungsrate, Geburtenrückgang, Verhaltensstörungen von Schulkindern, Jugendkriminalität. Die Frauenemanzipation, so eine geläufige Schlussfolgerung, habe für die Familie mehr Nachteile als Vorteile gebracht, sie wirke sich zerstörerisch aus und müsse eingedämmt werden.[43]

Erneut wurde der Vorwurf, frauenpolitische Belange vor den Grundsatz des Kindeswohls zu stellen, nach der Wiedervereinigung laut, und zwar im Rahmen der Diskussion um den Erhalt der Krippenplätze in der DDR. „Krippen bleiben indessen, auch dort, wo sie für Elternteile in Notsituationen hilfreich sind, Institutionen der Gefährdungsbetreuung".[44] Die Abschaffung der Krippenplätze nach der Wende wurde mit den negativen Erfahrungen mit der in der DDR gemachten kollektiven Fremdbetreuung begründet.

Die psychisch gesunde Entwicklung von Säuglingen und Kleinkindern – so wird argumentiert[45] – ist nur dann gewährleistet, wenn das Kind in den ersten drei Jahren unter ausschließlicher Pflege und Obhut der Mutter heranwächst, weil nur diese Daseinsform ihm die notwendige Sicherheit und die Entwicklung von Bindungsfähigkeit ermöglicht.[46] „Müssen wir aber unsere Kinder Trennungsängste und Verlusterfahrungen durchleiden lassen, die sie ihr ganzes Leben lang mit seelischen Schäden belasten können?".[47] Inzwischen liegen zahlreiche empirische Untersuchungen und theoretische Abhandlungen über die Folgen der mütterlichen Erwerbstätigkeit für ihre Kinder vor, die zeigen, dass die pauschale Abwertung, wie sie aus dem zuvor wiedergegebenen Zitat zu entnehmen ist – sowohl gegenüber der mütterlichen Erwerbstätigkeit als auch gegenüber der institutionellen Kleinkindbetreuung – nicht haltbar ist. Weiterhin haben viele

---

[42] vgl. Nave – Herz, 2002a: Seite 37 bis 43
[43] vgl. Pross, 1981 in: Nave – Herz 2002a: Seite 37 bis 43
[44] zit. Pechstein, 1990 in: Nave – Herz 2002a: Seite 37 bis 43
[45] vgl. Pechstein, 1990 ebenda
[46] vgl. Nave – Herz, 2002a: Seite 57 bis 63
[47] zit. Richter (Präsident der Deutschen Liga für das Kind), 1990 ebenda

Forschungsergebnisse mittlerweile bewiesen, dass ein eindimensionaler Blick auf den doch sehr komplexen Sozialisationsprozess nicht alle Faktoren berücksichtigt. Schon 1956 (deutsche Erstveröffentlichung erschien 1960) fassten Myrdal und Klein[48], anerkannte Expertinnen in Bezug auf die Auswirkungen mütterlicher Erwerbstätigkeit, ihre Analyse zusammen: „Es kann gar nicht genug betont werden, dass der allerwichtigste Faktor bei der Erziehung des Kleinkindes die Einstellung und Persönlichkeit der Mutter ist und nicht etwa die Länge der Zeit, die sie mit dem Kind verbringt".[49] Laut Nave – Herz zeigen neueste demoskopische Umfragen, dass die Mehrzahl (75%) der Bevölkerung noch immer der Meinung ist, dass Mütter von Kindern unter drei Jahren nicht erwerbstätig sein sollten bzw. mindestens ein Elternteil ganz beim Kind bleiben soll.[50]

Ein Blick in die Geschichte jedoch zeigt, dass sowohl die exklusive Mutter – Kind – Beziehung als auch die Versorgung des Kleinstkindes durch seine Mutter – ein völlig neues Phänomen ist. Mitterauer[51] schreibt: In Haushalten des traditionalen Europa haben vor allem Dienstboten und ältere Geschwister für die Kindererziehung eine große Rolle gespielt. Dennoch sind doch wohl nicht alle unsere Vorväter und -mütter psychisch gestörte und / oder bindungsschwache Menschen gewesen, wie aus dem Zitat von Richter ableitbar wäre.

So sind Frauen dem Druck ausgesetzt der Gesellschaft gegenüber ihr „nicht – tun" im Haushalt zu verteidigen – vor allem gegenüber älteren Generationen – gute Arbeit zu leisten und den Mann dazu zu bewegen, mitzuhelfen. Das heißt auch, Auseinandersetzungen über dieses Thema aber auch einen nicht perfekten Haushalt auszuhalten. Sie müssen sich erklären, warum sie arbeiten wollen, was der Mann nicht müsste. Vielleicht kommt noch ein schlechtes Gewissen dem Kind gegenüber dazu. Sie kämpfen also an verschiedenen Fronten gleichzeitig, was jedes für sich schon viel Kraft und Zeit kostet.[52]

In diesem Kapitel hat sich gezeigt, dass sich die Gesellschaft in einem Prozess der Individualisierung befindet, welcher gekennzeichnet ist durch den Verlust von vorgegebenen Traditionen, Geschlechterrollen und Lebenswegen wie auch einem Verlust an Sicherheiten. Dies bedeutet Chance und Risiko zu gleich. Der Begriff der Familie ist schwer zu begrenzen. Für diese Arbeit ist Familie mindestens ein Erziehungsberechtig-

---

[48] vgl. Nave – Herz 2002a: Seite 44 bis 48
[49] zit. Myrdal / Klein, 1962 in: ebenda: Seite 44 bis 48
[50] vgl. Nave – Herz 2002a: Seite 57 bis 63
[51] vgl. Mitterauer, 1989 in: ebenda: Seite 60
[52] vgl. ebenda: Seite 57 bis 63

ter mit Kind. Die Wichtigkeit von Familie äußert sich in deren Funktionen und Bedeutung. Sie bietet einen Halt und Hilfe, ein Zuhause und emotionale Unterstützung, welche gerade in Zeiten der Individualisierung einen wichtigen Beitrag zur psychischen Gesundheit von Menschen hat. Weiterhin wurde deutlich, dass durch die Trennung von Wohnen und Arbeit während der Industrialisierung die Zuweisung der Frau auf den Innenbereich stattgefunden hat. Diese Tatsache, die fehlende Anerkennung der Familienarbeit und der Verlust ihrer finanziellen Verfügungsmacht führte zur Abwertung der Frauenrolle. Familie heute beinhaltet viele verschiedene auch neue Lebensformen. Frauen nehmen ihr eigenes Leben in die Hände, sind qualifiziert und wollen erwerbstätig sein. Sie werden weiterhin für die Familienarbeit verantwortlich gemacht. Zusammenfassend kann auch festgehalten werden, dass Frauen in Deutschland nach wie vor ein schlechtes Gewissen gemacht wird, wenn sie ihre Kinder (früh) in Fremdbetreuung geben, um erwerbstätig zu sein oder zu bleiben.

2 Zum Begriff und der Bedeutung von Beruf

Um den Begriff Beruf bzw. Berufstätigkeit zu klären und einen kurzen Überblick darüber zu geben, was Berufstätigkeit für Menschen bedeutet, wie sie Menschen beeinflusst, und warum sie daraus folgend wichtig für sie ist, gehe ich hier nun auf diese Begrifflichkeiten ein. Es soll geklärt werden, mit welcher Bedeutung diese im weiteren Verlauf der Arbeit verwendeten Begriffe belegt sind.

2.1 Der Begriff

„Unter dem **Beruf** versteht man diejenige Tätigkeit, die ein Mensch für (a) finanzielle oder (b) herkömmliche Gegenleistungen oder (c) im Dienste Dritter regelmäßig erbringt, bzw. für die er ausgebildet, erzogen oder berufen ist. Im Allgemeinen dient die Ausübung eines Berufes der Sicherung des Lebensunterhaltes. Die erwirtschafteten Geld-, Sach- oder Tauschleistungen dienen der Stillung der persönlichen Bedürfnisse oder denen der sozialen Gemeinschaft (z.B. der Familie), der der Ausübende angehört. Dazu gehören in erster Linie die Ernährung, die Bekleidung, der (häusliche) Schutz vor Gefahr und Krankheit und die Vorratsbildung".[53] Unter Beruf ist also „jede wirtschaftlich sinnvolle, erlaubte, in selbständiger oder unselbständiger Stellung ausgeübte Tätig-

---

[53] zit. http://de.wikipedia.org/wiki/Beruf#Siehe_auch; letzter Zugriff: 20.07.2005

keit zu verstehen, die für den"[54] Menschen „Lebensaufgabe und Lebensgrundlage ist und durch die er zugleich seinen Beitrag zur gesellschaftlichen Gesamtleistung erbringt".[55]

Berufstätigkeit übersetze ich mit im (erlernten) Beruf tätig sein. Unter dem Schlagwort **Berufstätigkeit** erscheint im Internet – Lexikon Wikipedia aber auch ein Querverweis zu **Erwerbstätigkeit**, **Lohnarbeit** oder **Erwerbsarbeit**. Darunter wird ein Handel verstanden, bei dem die Arbeitskraft eines Menschen (meist gegen Geld) eingetauscht wird. Als andere Formen der Arbeit wird das Ehrenamt und die unbezahlte Haus- und Familienarbeit genannt. Erwähnt wird außerdem, dass Mischformen möglich sind.[56] „Die Familie im Spiegel der amtlichen Statistik" definiert Erwerbstätigkeit als „alle arbeitsvertraglich geregelten, selbständigen oder freiberuflichen Tätigkeiten, unabhängig von Arbeitszeit bzw. Einkommen, also auch geringfügig Beschäftigte".[57] **Arbeit** wiederum wird als eine auf ein Ziel gerichtete und an einen Zweck gebundene von einem Menschen ausgeführte Aufgabe bezeichnet.[58] Arbeit umfasst geschichtlich betrachtet die gegensätzlichen Anforderungen Freiheit und Mühe, Selbstverwirklichung und Selbstentfremdung, Produktivität und Ausbeutung. Heute ist sie eine in das System der gesellschaftlichen Arbeitsteilung und der Berufe eingefügte, nutzbringende Tätigkeit.[59] Unter Beruf kann und soll in dieser Arbeit also auch Erwerbstätigkeit / Erwerbsarbeit verstanden werden bzw. eine notwendige Arbeit, mit welcher der Lebensunterhalt erwirtschaftet wird.

2.2   Die Bedeutung

Die Arbeitswelt beeinflusst über verschiedene Wege die Lebensführung, Wertorientierung und Persönlichkeit der Menschen. Durch Zeitaufwand und Inhalte der ausgeübten Arbeit werden die Betätigungen in der Freizeit beeinflusst. Auch längere und unfreiwillige Erwerbslosigkeit wirkt sich mit den damit verbundenen mit materiellen und sozialen Abstiegsprozessen auf die Betroffenen psychisch stark belastend aus. Die Persönlichkeit kann sich über Erwerbsarbeit nur begrenzt selbst verwirklichen, sie bietet jedoch Möglichkeiten, die dazu beitragen können, das Leben zeitlich, sozial und inhalt-

---

[54] zit. Heinz, 1995: Seite 18
[55] zit. ebenda
[56] vgl. http://de.wikipedia.org/wiki/Erwerbsarbeit; letzter Zugriff: 20.07.2005
[57] zit. Engstler / Menning, 2003: Seite 105
[58] vgl. http://de.wikipedia.org/wiki/Arbeit; letzter Zugriff: 20.07.2005
[59] vgl. Heinz, 1995: Seite 17

lich zu strukturieren.[60] Erwerbsarbeit ist fremdbestimmt und bedeutet Leistungsaufwand. Sie ist daher mit Mühe und Anstrengung verbunden. Sie kann den Menschen über- oder unterfordern, zu Leistungsabfall, Gleichgültigkeit und zu körperlichen sowie psychischen Störungen führen. Erwerbsarbeit hat demnach nicht nur materielle Folgen (Lebensstandard) und sozialkulturelle Auswirkungen (Lebensweise), sie prägt auch „Weltbild und Selbstbild der Arbeitenden und ist Grundlage ihrer Identität".[61] Berufsbezogene Lern- und Entwicklungsprozesse beinhalten also nicht nur die Qualifizierung für Arbeitstätigkeiten, sondern auch die gesamte Persönlichkeitsentwicklung. Die Erfahrungen, die im betrieblichen Arbeitsprozess gemacht werden, können sich auf das Leben sowohl bewusstseinsbildend, persönlichkeitsfördernd aber auch –zerstörend auswirken.[62] Die Sozialisation für und durch die Erwerbsarbeit formt die Identität der Beschäftigten nicht ohne Mitwirkung des Individuums. Sie ist ein Interaktionsprozess zwischen Ausbildungs- und Arbeitsstrukturen und der durch Elternhaus und Schule vorgeprägten Persönlichkeit. Die entstehende Kontinuität oder Diskontinuität von Berufsbiographie prägt die Persönlichkeitsstrukturen, beeinflusst die Lebensführung und die Bewertung von Berufsarbeit.[63] Die Autonomie bei der Arbeitstätigkeit ist besonders wichtig für die Wertvorstellungen, die gesellschaftliche Orientierung und das Selbstkonzept der Beschäftigten. Selbstbestimmte Arbeit bewirkt geistige Beweglichkeit und selbständige gesellschaftliche Orientierung.[64] Es besteht ein Zusammenhang zwischen Selbstbestimmung am Arbeitsplatz und Selbstvertrauen (psychologischer Ansatz der Kontrollüberzeugung). Weiterhin findet eine subjektive Sinnstiftung über die Arbeit statt.

Eine besondere Problematik ergibt sich für die Sozialisation durch Arbeit für berufstätige Frauen. Es sind auch für sie Merkmale der beruflichen Selbstbestimmung, die das Selbstkonzept, die gesellschaftlichen Orientierungen und die intellektuelle Flexibilität berufstätiger Frauen beeinflussen. Sie sind jedoch durch Berufs- und Familienarbeit in widersprüchliche Handlungsbereiche und somit konflikthafte Anforderungen eingebunden. In einer qualitativen Studie wurde untersucht, wie die in einer Fabrik arbeitenden Mütter mit den widersprüchlichen Erwartungen und zeitlichen Verpflichtungen umgehen. Die befragten Frauen erleben die Fabrikarbeit als wichtig für ihre finanzielle Unabhängigkeit; sie erleben sich als sozial anerkannt und sind stolz auf ihre Leistungsfä-

---

[60] vgl. Heinz in: Hurrelmann / Ulich, 1991: Seite 397
[61] zit. Heinz, 1995: Seite 22
[62] vgl. Heinz in: Hurrelmann / Ulich, 1991: Seite 398
[63] vgl. ebenda: Seite 404
[64] vgl. ebenda: Seite 412

higkeit als Arbeiterin. Es werden aber auch ganz klar negative Seiten der Erwerbsarbeit geäußert, vor allem Zeitdruck, Monotonie, hohe Leistungsanforderungen und Konkurrenz. In der Familie dagegen erleben Frauen einen großen Handlungsspielraum, Abwechslung und emotionale Unterstützung, aber auch Eintönigkeit, Belastung, mangelnde Anerkennung und fehlende Sozialkontakte.[65] Aus der Sicht der Erwerbsarbeit wirkt die Familie selbstbestimmt, aus dem Blickwinkel der Familie wird die Erwerbsarbeit als Möglichkeit sozialer Unabhängigkeit und Anerkennung gesehen.[66] Auch Elisabeth Beck – Gernsheim[67] versteht Beruf und Arbeit nicht nur als Bezeichnung einer Tätigkeit sondern als einen ´Lebenszusammenhang`, als einen `zentralen Bezugsrahmen der Biografie`. Wird Arbeit nach dem Geschlecht aufgeteilt, ergeben sich daraus für Männer und Frauen spezifische Chancen und Grenzen für die Entwicklung ihrer Kompetenzen und Fähigkeiten, denn: „Die Arbeitsteilung zwischen den Geschlechtern steckt gewissermaßen den Horizont ab, innerhalb dessen sich der Lebensentwurf von Männern / Frauen ausformt...".[68] „Berufliche Sozialisationsprozesse und die Chancen und Risiken von Erwerbsbiografien werden durch die geschlechtsbezogene Zuweisung von Familien- und Erwerbsarbeit beeinflusst".[69] Hierzu mehr im Kapitel 3.2.

Zusammenfassend lässt sich sagen, dass Arbeit bzw. Erwerbsarbeit eine große Auswirkung auf das Leben von Menschen hat. Sie sichert Existenz und finanzielle Unabhängigkeit / Sicherheit, strukturiert den Tagesablauf ist aber auch sinnstiftend und Identitätsbildend. Sie bietet Abwechslung, gibt Bestätigung und Anerkennung. Der Mensch kann sich, wenn auch begrenzt, selbst und seine Interessen in der Arbeit verwirklichen. Die Sozialisation für und in der Arbeit wird als ein wichtiger Bestandteil der männlichen und weiblichen Biografie gewertet, in dessen Verlauf spezifische Fähigkeiten erlernt werden. Besonders für Frauen bedeutet Erwerbstätigkeit einen Konflikt mit der ihr sozialisationsbedingt zugeschriebenen Familienarbeit.

---

[65] vgl. Heinz in: Hurrelmann / Ulich, 1991: Seite 413
[66] vgl. ebenda: Seite 414
[67] vgl. Beck – Gernsheim in: Heinz, 1995: Seite 23
[68] zit. Heinz, 1995: Seite 23
[69] zit. ebenda

3 Die Vereinbarkeit von Familie und Beruf – Ein Frauenthema?

Um die Zusammenhänge der heutigen Vereinbarkeitsproblematik zu verstehen und um herauszufinden, ob – und wenn ja warum – vorwiegend Frauen vor diesem Problem stehen werden die weiblichen Sozialisationsfaktoren und ihre Auswirkungen, die eine Rolle spielen können beleuchtet. Weiterhin werden die Auswirkungen der Zuweisung von Mann und Frau auf je einen Zuständigkeitsbereich (Beruf und Familie) erläutert. Die sich ergebenden Problemlagen von Frauen werden beschrieben. Im Anschluss daran soll den Fragen nachgegangen werden was Vereinbarkeit bedeutet, warum sie wichtig ist, was sie behindert und vor allem was Familien brauchen.

3.1 Weibliche Sozialisationsfaktoren

Kinder lernen bereits in den ersten Lebensjahren, dass sie Mädchen oder Jungen und das alle Menschen in ihrer Umgebung als weiblich oder männlich zu klassifizieren sind: männlich hart und weiblich weich. Frauen beziehen häufiger als Männer ihr Selbstwertgefühl aus ihrer körperlichen Attraktivität, die sie an den medial vermittelten Schönheitsidealen messen. Mädchen und Jungen, Frauen und Männer entsprechen immer weniger den historisch überkommenen Geschlechterstereotypen und prägen eine große Bandbreite von Fähigkeiten und Verhaltensmustern, sowie Persönlichkeitsmerkmalen aus. Andererseits werden Geschlechterstereotypen von weiblichen und männlichen Jugendlichen und Erwachsenen in ihren Selbst- und Fremdwahrnehmungen, in ihrem Alltag und in ihren Lebensentscheidungen immer wieder „in die Tat" umgesetzt und „verkörpert".[70]

Im Gegensatz zu Jungen erhalten Mädchen in ihrer Beziehung zur Mutter in der Kindheit eher Möglichkeiten der Identifikation, erfahren aber dafür mehr restriktive und abwertende Geschlechtszuschreibungen und werden im Verhalten anders als Jungen kontrolliert und beschränkt. Sie werden eher auf sich und ihre Befindlichkeit verwiesen und angehalten, auf andere Rücksicht zu nehmen, als das bei den Jungen der Fall ist. Schwierigkeiten müssen sie aushalten, dürfen klagen und Gefühle zeigen, müssen die Konflikte mit anderen aber nicht selten mit sich selbst ausmachen. Diese Widersprüchlichkeit wird noch einmal kompliziert durch die neuen Mädchenbilder, die auch für Mädchen und junge Frauen Durchsetzungswillen und Problemlosigkeit signalisieren –

---

[70] vgl. Mogge – Grotjahn, 2004: Seite 93

sie gesellschaftlich in ihren eigenwilligen Wünschen, Problemen und Lösungswegen aber kaum wahrnehmen. Mädchen sind von früher Kindheit an mehr an die Familie gebunden und es wird von ihnen erwartet, dass sie diese ambivalente Bindung gestalten. Zum einen können sie graduell immer noch weniger sozialräumliche Kompetenz entwickeln, zum anderen ist die Familie vor allem für Mädchen nicht der Ort des Schutzes, als der sie allgemein gilt. Der ambivalente Mechanismus von Schutz und Kontrolle, der von vielen Eltern aufgebaut wird, kann dann sozialräumliches Experimentierverhalten von Mädchen durch eine insgeheim sexualisierende Umdeutung einengen. Übergriffe gegen sie in der Familie und in der Öffentlichkeit werden dagegen tabuisiert.[71] Die Sozialisationsbedingungen von Mädchen unterscheiden sich daher darin, wie viel familiärer Rückhalt, Anerkennung und Eigenwillen ihnen gegeben werden. Gerade weil wir wissen, wie wichtig die Aneignung der räumlichen Umgebung und (später) jugendkultureller Räume für die Entwicklung sozialer Schlüsselkompetenzen der Selbstbehauptung und Interessendurchsetzung ist und dass Kinder und Jugendliche nicht nur in der Schule, sondern auch über selbstbestimmbare Räume und Beziehungen lernen, wiegt eine sozialräumliche Benachteiligung von Mädchen besonders schwer. Sie können in der binnenzentrierten Schule noch so oft bessere Leistungen als die Jungen erbringen, im offenen Übergang in den Beruf unterliegen sie oft zwangsläufig der – am Arbeitsmarkt abgesicherten – Durchsetzungs- und Verdrängungs`kompetenz` der Jungen und Männer. In der mittleren Jugendphase drängen die Mädchen genauso wie die Jungen nach Eigenständigkeit, versuchen sich kulturell in ihrer Familie selbständig zu machen und merken, dass ihnen diese Eigenständigkeit – mehr als bei den Jungen – verwehrt oder ihnen nur zögernd und mit vielen Befürchtungen von den Eltern zugestanden wird. Eltern wollen Mädchen mehr vor dem draußen schützen, was von diesen als Kontrolle empfunden werden kann. Mädchen und junge Frauen machen sich vermehrt abhängig von den Erwartungen von außen. Sie sollen sich auf der einen Seite reizvoll zeigen, sie sollen sich aber auch gleichzeitig zurückhalten.[72]

Die Dynamik der Pubertät, in der Selbstwert und Selbstwirksamkeit aufgebrochen werden, setzt aber Wünsche des Auslebens frei, die nun auf eine Umgebung treffen, die tendenziell von ihnen Zurückhaltung verlangt. Die Mädchen merken, dass sie vom Urteil anderer abhängig sind. Sie erleben in dieser Zeit eher Fremdbestimmung und Abwertung. Sie werden in ihrer Entwicklung eher beschränkt. Mädchen sollen sich zurücknehmen, keine Ecken und Kanten haben, sich einfügen. Von ihnen wird erwartet,

---

[71] vgl. Mogge – Grotjahn, 2004: Seite 94
[72] vgl. ebenda: Seite 95

dass sie fleißig sind, Leistung bringen, den Erwartungen problemlos entsprechen. Sie erleben genauso ihre Unwirklichkeits- und Allmachtphantasien wie die Jungen, nur sie sind – auf Grund der hier stärker nach innen gerichteten Leistungsorientierung und gleichzeitig familiengebundenen weiblichen Sozialisation – auf die Eltern und weniger auf die soziale Umwelt gerichtet. Genauso wie die Jungen brauchen die Mädchen aber die Möglichkeit, sich an der sozialen Wirklichkeit, ihren Normen und Barrieren abarbeiten zu können. Der dafür notwendige soziale Raum wird den Mädchen aber oft verweigert. Aufgrund der vorwiegend nach innen gerichteten Sozialisation werden Mädchen verstärkt in Schuldgefühle getrieben.[73]

Im Übergang in den Erwachsenenstatus fehlt es den jungen Frauen an Vorbildern, da dieser und der Gesellschaft weitgehend männlich definiert ist. Das Vereinbarkeitsmodell zwischen Familie und Beruf, seine Ansprüche und Konflikte, das von Frauen gewählt werden soll, wird immer noch nicht so offen thematisiert, dass es in der Wahrnehmung der Jugendlichen zumindest gleichberechtigt neben das Modell der Erwerbstätigkeit tritt. Kein Wunder dass die sich Mädchen, da sie keine äußere Resonanz bekommen, zurückziehen, unnahbar scheinen und gleichzeitig angepasst. Dies bestärkt wiederum das Geschlechtsstereotyp, von dem die Botschaft ausgeht, dass die Mädchen allerhand aushalten und schon mit sich selbst zurechtkommen. Man nimmt an, dass sie von der Freundschaft bis zur Berufswahl alles im Griff haben.

Man sollte dem Aufwachsen und der Sozialisation von Mädchen dennoch nicht stereotyp das Etikett der „Innenorientierung" geben. Man muss sehen, dass Mädchen der Drang nach draußen verwehrt ist und dass sie deshalb immer in der Spannung zwischen innen und außen stehen. Denn dieses Verwehrtsein macht die Bedürftigkeit, die Konflikthaftigkeit des Selbsterlebens bei vielen Mädchen aus. Mädchen sind nicht nur familienzentriert, wie das die Geschlechterforschung nahezu festgeschrieben hat, sondern sie leben zwischen dem Verwiesensein auf das Innen und dem Bedürfnis nach dem Außen. Die Zuschreibung des Innen bürdet Mädchen aber eine falsche Verantwortung auf, wo sie mit ihren Ansprüchen nach Anerkennung auf Abwertung stoßen, wo ihnen Geborgenheit und Schutz gerade verweigert wird. Immer wieder spüren sie stattdessen die Erwartung: Du bist verantwortlich für dich und das Wohlergehen der Personen in deinem Umfeld. Deshalb trauen sie sich oft nicht zu sagen, wie es ihnen wirklich geht.[74] Sie spalten diese Gefühle nach innen ab, so dass sie sich noch mehr für andere verantwortlich oder gar schuldig fühlen: gegenüber den Eltern, für die Qualität der Beziehung

---

[73] vgl. Böhnisch / Funk, 2002: Seite 96 bis 99
[74] vgl. ebenda: Seite 100 bis 103

zu Freundin und Freund, gegenüber sich selbst. Dieses selbstprojektive Verantwortungs- und Schuldbewusstsein wird von der familialen Umwelt erwidert und verstärkt. Aggressives Verhalten und Erleben von Mädchen wird anders bewertet und selbst erfahren als das bei Jungen der Fall ist. Frauen betrachten Aggression als Kontrollverlust, der wiederum Schuldgefühle verursacht. „Ausrasten" wird als Ausnahmezustand gewertet, für den man sich schämen müsste. Zugestanden werden den Mädchen fürsorgliche (für jemanden leiden) oder autoaggressive Muster. Frauen fürchten sich vor allem davor bei Aggressivität den sozialen Rückhalt untereinander zu verlieren, sowie eine generelle Ablehnung und Beziehungsverlust. Während bei Jungen riskantes Verhalten eher selbstbestimmt definiert wird, weil Risiko und Experiment als Teile „männlichen Bewährungsverhaltens" gelten, erleben Mädchen öfter, dass ihr Risiko fremdbestimmt ist. Viele Mädchen und junge Frauen akzeptieren weitestgehend die traditionelle Männerrolle (und damit verbunden auch die traditionelle Frauenrolle). Sie bleiben so nach außen im Sog der Männerdominanz, obwohl sie nach innen das Potential gehabt hätten, sich selbstbestimmt davon abzusetzen, Kontraste zu finden, Konflikte auszutragen.[75]

Als Fazit der sehr unterschiedlichen Forschungsergebnisse zum Bereich der geschlechtsspezifischen Sozialisation und der Geschlechtsidentität ergibt sich zweierlei: Einerseits existiert eine hohe Variabilität von Geschlechterrollen und eine große Vielfalt weiblicher und männlicher Identitäten, andererseits gibt es einen harten Kern geschlechtsspezifischer Zuschreibungsprozesse. Dieser besteht in der Zuschreibung – nur bedingt in der tatsächlichen Ausprägung – von Empathie und Einfühlungsvermögen als weibliche Eigenschaften und Kompetenzen, von Rationalität und instrumenteller Handlungsorientierung dagegen als männliche Eigenschaften. Dies führt bei Mädchen und Frauen zu einer häufigeren Ausprägung von emotionaler Abhängigkeit beziehungsweise einem häufigeren Verzicht auf Autonomie, bei Jungen und Männern wiederum zu einer häufigeren Ausprägung von Beziehungsdominanz und Autonomiestreben.[76]

3.2 Männerwelt Beruf – Frauenwelt Familie

Die im folgenden dargestellten Fakten ergeben sich aus der ausschließlichen Zuweisung von Mann und Frau zum Produktions- bzw. Reproduktionsbereich. Die vorgezeichneten Bereiche unseres Lebens prägen uns, spalten unser Leben auf und verengen es. Auf der einen Seite die Zwänge und Karriereregeln des Berufs auf der anderen Seite die Gleich-

---

[75] vgl. Böhnisch / Funk, 2002: Seite 104 bis 107
[76] vgl. Mogge – Grotjahn, 2004: Seite 99 und 100

förmigkeit und Isolation des Hausfrauendaseins. Männer und Frauen sind gefangen in der Einseitigkeit ihres Alltags, werden begrenzt in ihren Erfahrungen und Entwicklungsmöglichkeiten, ihren Fähigkeiten und Zielen.[77]

Berufsarbeit ist immer auch ein voll beanspruchendes, strenges, vorgezeichnetes Lebensmuster, dessen Zielen alles andere erbarmungslos untergeordnet wird – alles Angenehme, Menschliche, Gefühlsmäßige, Körperliche, Leichtfertige. Beruf ist so etwas wie ein unverzichtbares Ärgernis geworden: unverzichtbar, weil er wesentliche Basis der Selbständigkeit, des Selbstbewusstseins ist; und Ärgernis, weil er immer wieder Einengung, Verdrängung, Verkümmerung fordert.[78] Im Zustand der Berufslosigkeit kommen eigenartige Gefühle der Leere und Unzufriedenheit auf. Das Eingespanntsein in den Beruf und das Draußensein aus dem Beruf, beides bietet für viele keine auf die Dauer befriedigende Lösung.[79] Es besteht ein enger Zusammenhang zwischen der Art der (beruflichen) Arbeitsteilung und der Fähigkeitsentwicklung der (beruflich) arbeitenden Personen, denn Arbeitsprozesse sind wie schon in Kapitel 2.2 beschrieben Lernprozesse.[80] Im Zusammenhang mit der Arbeit, die ihnen je zugewiesen ist, entwickeln Männer und Frauen je unterschiedliche Interessen und Bedürfnisse, Situationsdeutungen und Verhaltensweisen.

Die oben weiter schon beschriebene Arbeitsteilung zwischen Beruf und Familie bedingt bestimmte Erfolgsziele und Lebenspläne, typische Erwartungen und Ängste, Hoffnungen und Enttäuschungen.[81] Hier Heirat, Geburt der Kinder Erwachsenwerden der Kinder; dort Berufseintritt, Beförderung, Pensionierung. Aus der Arbeitsteilung leiten sich männliche und weibliche Einstellungen und Verhaltensweisen ab, da beide Formen von Arbeit ein Bündel von Anforderungen darstellen, denen beide praktisch lebenslänglich ausgesetzt sind. Diese Anforderungen sind unterschiedlich, wenn nicht gegensätzlich strukturiert. Der Berufsarbeit werden Einstellungen und Verhaltensweisen wie Sachlichkeit, nüchterne Kalkulation, Karrieredenken, Konkurrenzstrategien und Rücksichtslosigkeit zugeordnet. Der Arbeit in der Familie dagegen intuitive – gefühlsbestimmte Verhaltensweisen, Geduld und Beharrlichkeit, Einfühlungsvermögen, Bereitschaft zur Einfügung und zur Anpassung an andere.

Die spezifischen Sozialisationserfahrungen von Mädchen und Jungen sind nicht weit entfernt von denen von Beruf und Hausarbeit, sie werden dort bereits trainiert. Sie wer-

---

[77] vgl. Beck – Gernsheim, 1992: Klappentext
[78] vgl. ebenda: Seite 10
[79] vgl. ebenda: Seite 11
[80] vgl. ebenda: Seite 22
[81] vgl. ebenda: Seite 23

27

den als das geheime Lernziel des geschlechtsspezifischen Sozialisationsprozesses bezeichnet. Sozusagen eine Sozialisation hin zur traditionellen Arbeitsteilung. Durch die praktische Tätigkeit in den genannten Gebieten verfestigen sich die Fähigkeiten zu männlichem und weiblichen Arbeitsvermögen. Sie sind aber nicht naturgegeben und naturnotwendig, sondern Ergebnis der Zuweisung zu Beruf und Hausarbeit.[82]

Berufstätigkeit ist als Persönlichkeitsentwicklung und Reifeprozess zu sehen, bedeutet einen Sozialisationsprozess anderer, besonderer Art. Die Arbeitenden lernen nicht nur Fachkenntnisse und Spezialwissen. Sie müssen gleichzeitig lernen, wie man dies Wissen – und sich selbst – marktgerecht präsentiert und anbietet. Sie üben sich ein in die geheimen Spielregeln einer Arbeit, die nach Markt- und Tauschgesetzen funktioniert. In der Berufsarbeit herrscht das Grundprinzip ökonomischer Rationalität, die Logik individueller Durchsetzung. Berufsarbeit bedeutet ein Abschneiden individueller Entwicklungen und Fähigkeiten, sie verlangt eine tiefgreifende Einengung und Einseitigkeit des Lebens. Verdrängt werden müssen viele konkret – sinnliche Lebensäußerungen – Momente wie Spontaneität, Gefühl, Neugierde, Phantasie. Aufgeschoben werden muss die Entwicklung eigener, breit angelegter Interessen und Fähigkeiten, die den Rahmen der beruflich geforderten Kenntnisse sprengen. Auch die private Alltagsarbeit muss abgegeben werden. Dadurch bleibt eine wesentliche Dimension von alltäglichen Anschauungen und Erfahrungen verschlossen. Denn die private Alltagsarbeit beinhaltet nicht nur lästige Pflichten, sondern vor allem auch bedürfnis- und personenbezogene Tätigkeiten, die noch einigermaßen konkret und ganzheitlich sind. Gemüsegarten, Kuchenbacken, der Umgang mit Kindern – all das kann durchaus Spaß und Entspannung, Abwechslung, Phantasie, unmittelbare Bestätigung bedeuten. Vor allem, wenn es nicht die ausschließliche Beschäftigung ist und in Isolation und Abhängigkeit zwingt. Zurückgedrängt wird die innere Fähigkeit und Bereitschaft für Ruhe, Geduld, Gelassenheit, für Gefühle, Zuhören, Helfen. So wird die Persönlichkeit schließlich gezeichnet von den Vorgaben der Berufsarbeit.[83]

Die den Frauen zugewiesene private Alltagsarbeit ist die notwendige Ergänzung der Berufsarbeit. Was bedeutet die Arbeitsteilung für die nichtberufstätigen Frauen? Sie sind nicht den Konkurrenzstrategien und Profilierungszwängen im Kollegenkreis ausgesetzt. Sie können sich ihre Zeit selbständig einteilen. Hausfrauendasein bedeutet eine Art Randexistenz, deren Geringschätzung alltäglich erfahrbar ist und ein Abgeschoben sein in die Isolation des Privaten. Das angestrengte Bemühen der Umwelt die Wichtig-

---

[82] vgl. Beck – Gernsheim, 1992: Seite 73 bis 75
[83] vgl. ebenda: Seite 76 bis 82

keit des eigenen Tuns zu demonstrieren. Auch die Beschränkung auf private Alltagsarbeit bietet kaum Raum zu breiter Entwicklung und Entfaltung von Fähigkeiten; auch in der Einseitigkeit und Ausschließlichkeit der Familienbindung ist eine drastische Verengung möglicher Erfahrungsbereiche angelegt. Die Aufgabe der Frau besteht wesentlich darin, ständig bereit und verfügbar zu sein für die anderen, für die Bedürfnisse von Mann und Kindern. Deshalb ist es so schwer noch eigene Interessen, eigene Aktivitäten zu entwickeln. Dazu wäre gerade jene Selbständigkeit, jene Unabhängigkeit erforderlich, die im Hausfrauendasein ständig negiert werden muss. In der lebenslangen Eingebundenheit in Hausarbeit sind damit stets auch emotionale Abhängigkeit und Angewiesenheit auf soziale Anerkennung angelegt, größere Ängstlichkeit, Unsicherheit und geringeres Selbstwertgefühl von Frauen. Selbstbewusstsein, Selbstfindung und –wahrnehmung sind strukturell erschwert. Die Identität der Frau bezieht sich nicht aus dem, was sie selbst ist und leistet – sondern viel eher daraus, was sie für und durch die anderen ist. Die Frau ist viel weniger autonom, ist in ihrem Aktionsradius abhängig von der Zustimmung oder Ablehnung des Mannes.[84] Der Mann hat eine Vermittlerfunktion zur Außenwelt, hat Zugang zu Informationen und Sozialkontakten. Nimmt sich die Frau immer weiter zurück führt das über Jahre und Jahrzehnte immer mehr in eine Form des Persönlichkeitsverlustes. Durch die Beschränkung auf den Innenraum, vor allem auch durch die darin angelegte Unselbständigkeit, verliert die Frau leicht den Bezug zur Außenwelt, zu Politik, Beruf usw. Die alltäglichen Erfahrungen, die Chancen der Fähigkeitsentwicklung sind so unterschiedlich, dass Männer und Frauen über die Zuweisung auf einen Bereich getrennt werden. Es kann zu Entfremdung, Gesprächslosigkeit, Beziehungslosigkeit kommen. Die Frauen können meist nicht mehr mitreden und verstehen nichts von der Außenwelt. Es kann passieren, dass der Mann die Frau „überholt", eines Tages vielleicht sogar verlässt. Das ist nicht einfach Zufall oder Schicksal oder bloß individuelle Schuld sondern die letzte Konsequenz einer Arbeitsteilung, die Chancen und Abhängigkeiten ungleich verteilt. Und praktisch immer ist es die Frau als die Abhängigere, die am stärksten betroffen ist. Das heißt nicht, dass in allen Ehen die Frauen ungeachtet, unselbständig und unglücklich sind. Dies ist allerdings eher die Ausnahme, nicht die Regel.[85] Beck – Gernsheim führt englische Untersuchungen von Frauen in hochqualifizierten Positionen an, die gezeigt haben, dass diese Frauen viel weniger als Männer ihr Leben ganz auf den Beruf ausrichten und von ihm bestimmen lassen, dass sie vielmehr zu einem ausgeglicheneren Engagement in bezug auf Arbeit

---

[84] vgl. Beck – Gernsheim, 1992: Seite 101 bis 105
[85] vgl. ebenda, 1992: Seite 105 bis 111

und andere Aktivitäten neigen: zu einem eher vielseitigen als primär arbeitsbezogenen Leben. Hochqualifizierte Frauen entscheiden sich für ein Doppelmanagement, das von ihnen offensichtlich mehr als doppelte Chance denn als doppelte Belastung empfunden wird. Dennoch betonen die untersuchten Frauen vor allem die Chance, die darin liegt, an zwei Lebensbereichen – Beruf und Familie – teilhaben zu können. Auf der einen Seite nicht in der Enge und Monotonie der Hausarbeit gefangen, auf der anderen Seite aber auch nicht voll der Rigidität beruflicher Anforderungen ausgesetzt – das ist, gemessen an ihren eigenen Wertvorstellungen und Wünschen, eine offene und vielseitige Lebensform. Sie haben eine Berufsarbeit, die mehr Handlungsspielraum, mehr inhaltliche Interessen und Entwicklungsmöglichkeiten zulässt; andererseits verfügen sie auch über die finanziellen Möglichkeiten, um die monotonen, unpersönlichen Teile der Hausarbeit gegebenenfalls an bezahlte Hilfskräfte delegieren zu können.[86] Mit dem Auseinanderbrechen der vorindustriellen Einheit von Arbeit und Leben, dem Auseinanderrücken der verselbständigten Bereiche von Beruf und Familie werden Männer und Frauen – einseitiger und enger als zuvor – festgelegt auf je bestimmte Ausschnitte von Erfahrungen, Fähigkeiten, Entwicklungsmöglichkeiten. Die Festlegung auf eng vorgegebene Rollen und das Verlangen nach Selbstentfaltung sind zwei widerstrebende und konflikthafte Anforderungen. Das Aufbrechen jener vorindustriellen Einheit heißt darüber hinaus auch ein Auseinanderrücken von Männern und Frauen. Denn in dem Maß, wie sie auf ganz unterschiedliche Lebensbereiche festgelegt werden, entfernen sie sich auch voneinander. Die Ehe als Liebesgemeinschaft als neue Grundlage erweist sich als dünn, der Zusammenhalt wird brüchig – und zwar gerade weil Beruf und Familie, weil Männer und Frauen sich voneinander entfernt haben.[87]

3.3 Problemlagen von Frauen

In den westlichen Industriegesellschaften ist Gleichberechtigung im allgemeinen ein anerkannter Leitwert im Geschlechterverhältnis geworden. Die Umsetzung dieses Leitwertes in der deutschen Gesellschaft ist nach wie vor mangelhaft. Laut einer repräsentativen Umfrage von Metz – Göckel / Müller[88] ist die Mehrheit der deutschen Männer noch immer dafür, dass die Frau zu Hause bleibt und der Mann berufstätig ist. Die Männer sehen dies nicht als Benachteiligung der Frau sondern als eine „Sachgesetzlichkeit" und bestehen weiterhin auf die Unersetzlichkeit der Mutter. Andere Untersuchun-

---

[86] vgl. Beck – Gernsheim, 1992: Seite 130 bis 138
[87] vgl. ebenda: Seite 248 und 249
[88] vgl. Metz – Göckel / Müller in: Beck – Gernsheim, 1992: Seite 86

gen zeigen, dass diese Einstellung auch in den Köpfen der Frauen verankert ist. Sie würden allerdings ganz klar eine offenere Arbeitsteilung begrüßen, in der der Mann sich tatsächlich an den anfallenden (unangenehmen) Arbeiten beteiligen würde und nicht nur an dem „Spaßprogramm". Viele Frauen gehen davon aus, dass eine bessere Vereinbarkeit von Beruf und Familie durch eine gerechtere Verteilung der Hausarbeit möglich werden würde.

Neben den Einstellungen von Männern und Frauen hat sich auch das tatsächliche Verhalten im Alltag nicht grundlegend verändert. Die jüngere Generation der Männer engagiert sich weit mehr bei der Kindererziehung als noch ihre Väter und Großväter, jedoch sind sie noch immer weit weniger als die Frauen in der Kinderversorgung aktiv. Im Beispiel Elternzeit sind Männer mit unter zwei Prozent eine winzige Minderheit. In der Realität sind weiterhin fast ausschließlich die Frauen für die Haushaltsführung und damit für die Haushaltstätigkeiten zuständig, egal ob sie erwerbstätig sind oder nicht. Laut einer Studie des Statistischen Bundesamtes Wiesbaden wenden erwerbstätige Frauen für die Betreuung ihres Nachwuchses unter sechs Jahren mehr als das doppelte an Zeit auf wie erwerbstätige Männer. Bei den nichterwerbstätigen Ehefrauen ist es sogar mehr als das Dreifache. Also ist Erziehungsarbeit immer noch vorrangig Aufgabe der Frauen und nicht selten auch der Großmütter so sie denn dazu bereit sind.[89] (vgl. weiter unten dieses Kapitel).

Das Deutsche Jugendinstitut hat eine großangelegte Untersuchung zum Thema „Kind? Beruf? Oder beides?" veröffentlicht. In ihr heißt es, dass Frauen heutzutage eine klare Berufsorientierung haben, diese aber nur in zweiter Linie ausleben können. Frauen werden demnach von ihren Kindern beruflich gestoppt. Die Ergebnisse der Studie belegen, dass Berufstätigkeit zum Leitwert für Frauen geworden ist, sie und ihre Umwelt sie aber gleichzeitig als qualitätsmindernd für ihre Funktion als Mutter sehen. Dies wird als eine „ideologische Falle" und eine „hinterhältige" Doppelbotschaft bezeichnet, die Frauen in allen Lebensphasen vermehrt verunsichert. Nicht die Summierung von Beruf und privater Alltagsarbeit, sondern die in der Normaldefinition der Berufsarbeit angelegte ungleiche Aufteilung der privaten Alltagsarbeit, ihre Zuweisung zum Verantwortungsbereich der Frau – das ist es, weshalb die Frau, verglichen mit dem Mann, unter den Anforderungen einer Doppelrolle (auch doppelte Vergesellschaftung) steht.[90]
Untersuchungen zeigen durchgängig, dass Berufsarbeit, Hausarbeitspflichten, Versorgung kleiner Kinder oder älterer Angehöriger Frauen im Alltag unter Dauerbelastung

---

[89] vgl. Beck – Gernsheim, 1998: Seite 87
[90] vgl. ebenda: Seite 88

bzw. Dauerdruck setzen. Dieser wirkt sich negativ auf deren Lebensgefühl, Nerven, Kraft und Gesundheit aus. Chronische Erschöpfung oder „hurry sickness", die Hektikkrankheit wird dieser Zustand genannt.[91] Aufgrund zahlreicher Untersuchungen wurde diese Doppelorientierung als fest verankerter Bestandteil des Lebensentwurfs von Frauen, vor allem von Müttern, beschrieben und führt gleichzeitig zu einer besonderen Problematik im Lebenszusammenhang von Frauen. Weder Arbeitswelt noch Familie nehmen Rücksicht auf den jeweils anderen Bereich. Der Beruf erfordert den Einsatz der ganzen Person, die sich zu Hause regeneriert. Dies ist der Frau jedoch nicht möglich.

Die These über die heutige Doppelorientierung der Frau hat zur Forderung einer familienfreundlicheren Arbeitswelt geführt, um die Partizipation von Müttern und Vätern sowohl am Familien- als auch am Arbeitsleben zu ermöglichen. zusätzlich haben Frauen auch mit dem Vorwurf des Egoismus gegenüber ihren Kindern zu kämpfen.[92] Die doppelte Vergesellschaftung ist der Makel, das Handikap, der ewige Wettbewerbsnachteil, der die Berufssituation von Frauen kontinuierlich bestimmt und belastetet.[93]

Als ein Grund für diese Belastung wird genannt, dass früher die Versorgung der Kinder vergleichsweise einfach war. Sie wurde ohne großen pädagogischen Aufwand betrieben. In der Gegenwart wird die Erziehungsarbeit vor immer höhere Ansprüche und Anforderungen gestellt. In der modernen, sozial mobilen Gesellschaft wird die „optimale Förderung" des Nachwuchses als eine zwingende Notwendigkeit dargestellt. Gleichzeitig ist die moderne hochindustrielle Gesellschaft in vielen Bereichen strukturell kinderfeindlich, d.h. ihre Vorgaben passen nicht mit den Bedürfnissen, dem Bewegungsdrang, dem Zeitrhythmus von Heranwachsenden überein.[94]

Der Wunsch und Zwang von Frauen zum „eigenen Leben" lässt ihnen weniger Raum zum Dasein für andere, nicht zuletzt auch für die sich immer mehr ausweitenden Ansprüche der Arbeit für Kinder. Dies meint nicht, wie ein weit verbreitetes Missverständnis meint, dass den Frauen der Kinderwunsch unwichtig würde und sie nur noch die eigene Emanzipation als Lebensziel sehen. Im Gegenteil kann der Kinderwunsch unter den Bedingungen der individualisierten Gesellschaft sogar verstärkt werden und neue Bedeutung gewinnen, als Suche nach Sinn, Bestätigung, Verankerung usw. Frauen geraten allerdings vermehrt in einen Konflikt, wenn die institutionellen Angebote zur Vereinbarkeit von Beruf und Familie unzulänglich bleiben und gleichzeitig die Hilfe der Männer bei der Kinderbetreuung beschränkt bleibt.

---

[91] vgl. Beck – Gernsheim, 1998: Seite 91
[92] vgl. Nave – Herz 2002a: Seite 37 bis 43
[93] vgl. Beck – Gernsheim, 1992: Seite 130 bis 138
[94] vgl. ebenda, 1998: Seite 94

Daraus ergibt sich eine neue Konstellation. Viele Frauen haben einen Kinderwunsch, müssen aber bei dessen Umsetzung mit erheblichen Folgen für ihr Leben rechnen: eingeschränkte Berufstätigkeit, Überlastung im Alltag, wenig Freizeit, finanzielle Unsicherheit im Alter, Armutsrisiko im Fall einer Scheidung. Laut in Deutschland erhobenen empirischen Befunden gehört Kinderhaben für die allermeisten Frauen noch immer in ihren Lebensplan. Der Kinderwunsch wird allerdings auf immer spätere Lebensphasen verschoben oder von mehreren Kindern auf eins reduziert. Besonders in den neuen Bundesländern gingen die Geburtenzahlen in den ersten Jahren nach der Wende drastisch zurück. Für sie wurde nach dem Wegfallen der vorher vorhandenen sozialpolitischen Maßnahmen zur Vereinbarkeit von Beruf und Familie zum ersten mal deutlich, dass Kinderhaben ein berufliches, soziales und finanzielles Existenzrisiko ist. Der Kinderwunsch wird zur Kinderfrage, die bewusst und individuell geplant und abgewogen werden muss.[95]

Die Großmütter sind, wie oben erwähnt, noch die „stille Reserve" bei der Kinderbetreuung. In Zukunft wird sich dies sehr wahrscheinlich ändern. Eltern und somit auch Großeltern werden immer älter – und sind dann evtl. zu alt zur Betreuung der Enkel oder bereits verstorben. Weiterhin verweigern die Großmütter laut einer empirischen Studie zumindest teilweise die Mitarbeit. Sie sind zwar bereit die Enkel für eine genau begrenzte Zeit zu beaufsichtigen, wollen jedoch nicht als allzeit bereite und flexible Reserve genutzt werden. Dies wird begründet mit dem Wandel der weiblichen Normalbiographie, der nicht nur neue Mütter, sondern auch neue Großmütter hervorgebracht hat. Viele der jetzt 50 bis 55 jährigen Frauen leben schon ihr eigenes Leben oder haben zumindest eine Ahnung davon. Sie haben ihre eigenen Ziele, die nicht mehr nur die Familie betreffen, wie z.B. eigene Erwerbstätigkeit, ehrenamtliche Tätigkeiten oder endlich eigenen Interessen nachgehen können. Die Bereitschaft dies aufzugeben und die Rolle der allzeit einsatzbereiten Großmutter hinzunehmen nimmt ab. Dies wird sich in Zukunft noch verschärfen. Hinzu kommt noch, dass die Frauen im Großmutteralter heute meist Hausfrauen sind, was sich in Zukunft auch wandeln wird, da auch ältere Frauen weiterhin berufstätig bleiben. Die Folgerung daraus ist, dass also die Großmutter als Ressource immer knapper wird und sich somit die Vereinbarkeit von Beruf und Familie für die nächste Frauengeneration nicht einfacher sondern wesentlich problematischer werden wird.[96]

---

[95] vgl. Beck – Gernsheim, 1998: Seite 95 und 96
[96] vgl. ebenda, 1998: Seite 97

Auch die Verknüpfung der Vater- mit einer Berufsrolle besitzt weiterhin in unserer Gesellschaft einen hohen Grad an Verbindlichkeit. Wie stark die Väter selbst diesen ökonomischen Erwartungsdruck spüren und mit welchen negativen Sanktionen bei Nichterfüllung dieser Rollenerwartungen Männer zu rechnen haben, belegen die Ergebnisse der sogenannte „Hausmännerstudie".[97] Neben der geringen Akzeptanz und starken Stigmatisierung der Gesellschaft der Hausmänner geht aus der Untersuchung ferner hervor, dass die Hausmänner ihre Tätigkeit nicht als befriedigend empfinden. Selbst diejenigen, welche die Option Hausmann deshalb gewählt hatten, weil sie in ihrer Arbeit unzufrieden waren, wollten wieder zurück in die Erwerbstätigkeit. Die soziale Isolation und Monotonie, die anstrengende Routine werden als schwer erträglich empfunden, und schließlich stehen sogar die Partnerinnen einer teilzeitigen Erwerbstätigkeit ihres Partners positiver gegenüber als einem Dasein als Hausmann, da sie ihm nicht auf Dauer zumuten wollen, was sie für sich selbst ablehnen: den Verzicht auf Erwerbstätigkeit im erlernten Beruf.[98]

Für junge Frauen heute gibt es – angesichts der Modernisierung ihres Lebenszusammenhangs – keine allgemeine biografische Leitlinie. Für sie ist der traditionelle weibliche Lebenslauf keine gültige Vorgabe mehr für ihr eigenes Leben. In der Untersuchung der Lebensplanung junger Frauen wurde festgestellt, dass – von wenigen Ausnahmen abgesehen – alle Frauen davon ausgehen, dass sich ein gesellschaftlicher Wandel vollzieht, in dem sich ihre Lebensweise tiefgreifend verändert. Sie thematisieren die sich auflösende Orientierungsfunktion von Geschlechterrollen und geschlechtsspezifischen Lebensläufen und setzten sich mit den veränderten Anforderungen auseinander. Dieser Wandel wird zwar von allen wahrgenommen, aber sehr unterschiedlich bewertet; ein Teil der Frauen sieht das Ende der traditionalen Lebensweise als Verlust an Einbindung und Sicherheit und erlebt die neuen Pflichten als Überforderung und Stress. Frauen sind in dieser Wahrnehmung aus dem Dasein als Hausfrau und Mutter vertrieben; sie müssen zusätzlich zu den überkommenen Aufgaben noch den männlichen Part spielen, die notwendigen Kompetenzen ausbilden, ohne ihre Weiblichkeit zu verlieren. Der Zugang zur Erwerbsarbeit heißt für diese Frauen im wesentlichen, sich mit den Anforderungen der Berufswelt auseinander setzen zu müssen, den oben beschriebenen doppelten Anforderungen ausgesetzt zu sein. Frühere Generationen mussten diese Entscheidungen nicht treffen, wer heute nur Hausfrau und Mutter sein will, wird nicht ernst genommen.

---

[97] vgl. Nave – Herz 2002a: Seite 57
[98] vgl. Nave – Herz 2002a: Seite 58 bis 63

Interessanterweise wird die Freisetzung aus der herkömmlichen Frauenrolle gerade von den Frauen besonders hervorgehoben, die für sich selbst an der familienzentrierten Lebensweise festhalten wollen und die insbesondere die Integration in Erwerbsarbeit als Zwang begreifen. Für diese oft schlecht ausgebildete Frauen ist es nicht die Einschränkung der Berufsarbeit, sondern die Tatsache der Berufsarbeit, die als Last und Ärgernis empfunden wird. Was vermisst wird, ist nicht die Chance der großen Karriere, sondern ein Tagesablauf, der weniger fremdbestimmt, weniger atemlos, weniger abgehetzt ist. Diese Minderheit der befragten Frauen erlebt die Modernisierung ihrer Lebenslage als Verlust objektiver wie subjektiver Sicherheiten.[99]

Im Gegensatz zu dieser Gruppe hebt die Mehrheit den Aspekt der Befreiung hervor: sie begreifen die Auflösung traditionaler Einbindungen als Erweiterung von Handlungsspielräumen und akzeptieren die Herausforderung der erwerbsbezogenen Individualisierung. Die Beziehung der Geschlechter wird als soziale Struktur gesehen, die sich aber auflöst. Diese Veränderungen nehmen die jungen Frauen selbst allerdings als einen gesellschaftlichen Prozess wahr, der scheinbar ohne ihr zutun vor sich gegangen ist: „Das hat sich ja einfach alles verändert" und „heutzutage sieht man das ja nicht mehr so".

Der familienzentrierte Lebenslauf, in dem die Verantwortung für den Lebensunterhalt mit der Eheschließung an den Mann übergeht, hat nicht nur für die jungen Frauen selber keine Orientierungsfunktion mehr – er ist auch als Verhaltenserwartung von Seiten der Institutionen und des sozialen Umfeldes heute nicht mehr akzeptiert. Als neue Norm sind sie mit der Anforderung konfrontiert, perspektivisch auf beide Lebensbereiche zu blicken und sie in einer doppelten Lebensführung zu vereinbaren, denn dauerhafte Nichterwerbsarbeit hat heute keine Legitimation mehr. Für diese doppelte Lebensführung gibt es kein ausgearbeitetes Verlaufsmodell, keine gesellschaftlich sanktionierte Abfolge von Lebensphasen und Übergängen. Die neue Norm sagt nichts über die konkrete Ausgestaltung der doppelten Teilhabe. Das Dilemma, in dem junge Frauen sich befinden, ist also kurzgefasst dieses: die Vereinbarkeit von Familie und Beruf ist ihr eigener Wunsch und steht ihnen als soziale Norm vor Augen, es gibt jedoch kein biografisches Modell, keinen „Normallebenslauf" dafür.[100]

Beck – Gernsheim bringt diese skizzierten Umbrüche in den weiblichen Lebensentwürfen auf folgenden kurzen Nenner: „Immer mehr Frauen werden durch Veränderungen in Bildung, Beruf, Familienzyklus, Rechtssystem usw. aus der Familienbindung zumindest teilweise herausgelöst; können immer weniger Versorgung über den Mann erwarten;

---

[99] vgl. Beck – Gernsheim, 1992: Seite 130 bis 138
[100] Geissler / Oechsle in: Beck / Beck – Gernsheim, 1994: Seite 144 bis 149

werden – in freilich oft widersprüchlicher Form – auf Selbständigkeit und Selbstversorgung verwiesen. Das `subjektive Korrelat` solcher Veränderungen ist, dass Frauen heute zunehmend Erwartungen, Wünsche, Lebenspläne entwickeln – ja entwickeln müssen -, die nicht mehr allein auf die Familie bezogen sind, sondern ebenso auf die eigene Person. Sie müssen, zunächst einmal im ökonomischen Sinn, ihre eigene Existenzsicherung planen, gegebenenfalls auch ohne den Mann. Sie können sich nicht mehr nur als Anhängsel der Familie begreifen, sondern müssen sich zunehmend auch als Einzelperson verstehen mit entsprechend eigenen Interessen und Rechten, Zukunftsplänen und Wahlmöglichkeiten. Im Ergebnis wird die Macht der Familie, vor allem des Mannes, weiter beschränkt. Frauen heute sind nicht mehr, wie die meisten Frauen der Generation zuvor, um der ökonomischen Existenzsicherung und des Sozialstatus willen auf Ehe verwiesen. Sie können – vielleicht nicht frei, aber doch freier als früher – entscheiden, ob sie heiraten oder allein bleiben wollen; und ob sie, wenn die Ehe nicht ihren Hoffnungen entspricht, gegebenenfalls lieber die Scheidung beantragen als dauernde Konflikte zu ertragen. Das heißt, auch in der weiblichen Normalbiografie setzt sich allmählich die Logik individueller Lebensentwürfe durch."[101] Dieser Prozess wird umschrieben als Entwicklung vom „Dasein für andere" zu einem Stück „eigenem Leben". Frauen planen aktiv (z.B. Empfängnisverhütung, berufliche Karriere) statt passiv abzuwarten. Sie handeln eigenverantwortlich (z.B. späte Heirat, nicht eheliche Lebensgemeinschaften). Die Abhängigkeit vom Mann erhält immer geringere Bedeutung für die Planung eigener Lebenszusammenhänge. Frauen nehmen die Gestaltung ihres Lebens und ihrer Zukunftsperspektiven in ihre eigenen Hände.[102]

3.4 Die Vereinbarkeit von Beruf und Familie

3.4.1 Was Vereinbarkeit bedeutet

Das Thema „Vereinbarkeit von Familie und Beruf" hat in den letzten Jahren enorm an Bedeutung gewonnen und wird in Politik, Wirtschaft und Öffentlichkeit als zentrale gesellschaftliche Aufgabe diskutiert. Die weiter oben schon erwähnte Pluralisierung und Individualisierung des Familienalltags hat einen veränderten Bedarf an Unterstützung für die Erziehungsleistung der Familie hervorgebracht. Das Familienleben wird immer mehr vom Spannungsverhältnis zwischen Beruf und Familie beeinflusst.[103] Es geht hier

---

[101] vgl. Herriger, 2002: Seite 25 und 26
[102] vgl. Erler / Barabas, 2002: Seite 70
[103] vgl. Jampert, 2003: Seite 9 bis 15

um eine möglichst problemlose und unkomplizierte Kombination von den zwei gegensätzlichen Lebens- und Anforderungsbereichen Familie und Beruf. Der Begriff der Vereinbarkeit ist heute anders belegt als noch vor 20 Jahren. Mitte und Ende der 1980er – Jahre bezog sich die Forderung nach Vereinbarkeit in erster Linie auf die Ausweitung der Öffnungszeiten über die Mittagszeit, d.h. auf die Abschaffung des Halbtagskindergartens. In der öffentlichen Diskussion wird Vereinbarkeit oft auf den zeitlichen Aspekt beschränkt und Kindeswohl und Elternwohl kontrastiert. Aber Eltern wollen nicht Plätze um jeden Preis. Sie brauchen Entlastung, und zwar bei ihren familiären Pflichten, um berufstätig sein zu können – nach wie vor ist für einige Familien die finanzielle Notwendigkeit das entscheidende Argument für die Berufstätigkeit beider Eltern – und sie wollen, dass ihre Kinder gut untergebracht sind und eine anregungsreiche materielle und soziale Umgebung vorfinden. Den Eltern wird vermehrt die (pädagogische) Qualität der Einrichtungen wichtig. Aus diesem Grund bezieht sich die Forderung nach Vereinbarkeit in vielen Fachdiskussionen nicht mehr nur ausschließlich auf die Ausweitung von Öffnungszeiten. Vielmehr tritt der Ruf nach Angeboten, die Vereinbarkeit gewährleisten können, immer seltener isoliert auf, er ist eng verbunden mit dem Ruf nach Angeboten, die den Eltern im Hinblick auf ihre Erziehungs- und Bildungsvorstellungen angemessen erscheinen.[104]

3.4.2 Warum Vereinbarkeit wichtig ist

Lebensrealitäten und Lebensentwürfe vor allem jüngerer und gut ausgebildeter Frauen sehen eine Doppelorientierung auf Familie und Beruf vor. Der Stellenwert einer kontinuierlichen Berufsbiographie ist für Frauen deutlich gestiegen. Der Beruf gehört selbstverständlich zu ihrer Lebensplanung dazu und Erwerbstätigkeit wird generell höher bewertet als die Haushaltsarbeit.[105] Umfragen zeigen eindeutig, dass Frauen stärker beruflich aktiv sein wollen. Da dies jedoch nicht angemessen geschieht, liegt es nahe, dass Frauen Beruf und Familie nicht gut vereinbaren können. Auch wenn die Emanzipation in den vergangenen Jahrzehnten Fortschritte gemacht hat, liegen Erziehungsaufgaben wie schon erwähnt immer noch größtenteils bei den Frauen. Die Vereinbarkeit von Familie und Beruf ist wichtig, um die Erwerbsbeteiligung von Frauen zu erhöhen, sie ist folglich die grundlegende Bedingung für eine bessere Integration von Frauen in den Arbeitsmarkt.[106]

---

[104] vgl. Jampert, 2003: Seite 9 bis 15
[105] vgl. Bundesministerium für Familie, Senioren, Frauen und Jungend, 1996: Seite 9
[106] vgl. Eichhorst / Thode, 2002: Seite 8 und 15

Kinder sind trotz aller materiellen und immateriellen Sorgen, die sie mitunter verursachen an erster Stelle ein Synonym für Glück und Zuversicht und für das Vertrauen in die Zukunft. Wohl keiner wird ernsthaft die Freude und das Glück in Frage stellen, das Menschen in der Familie finden. In der Familie erleben sie Wärme, Schutz, Rückhalt und Geborgenheit. Gerade in unserer Zeit heftiger Veränderungen und dadurch hervorgerufener Verunsicherung der Menschen sind dies unverzichtbare Werte, die zur Stabilisierung der Gesellschaft erheblich beitragen. In der Familie erleben und erlernen Kinder Gemeinschaft und Zusammengehörigkeit, Rücksicht, Verlässlichkeit und Toleranz. Familie ist – das zeigen Befragungen – für die große Mehrheit der Menschen der positive Lebensmittelpunkt. In Zeiten überwiegend abstrakt empfundener Solidarität ist die Familie ein leistungsfähiges soziales Netz und ein zentraler Ort für die Schaffung von sozialem Kapital für die einzelnen Mitglieder der Familie und für die gesamte Gesellschaft.

Entgegen anders lautender Behauptungen ist Familie geschätzt und stabil wie selten zuvor. Für über 90 Prozent der Menschen ist die Familie der wichtigste Bereich in ihrem Leben. In den angeblich so heilen 1950er Jahren lag die Wertschätzung der Familie deutlich niedriger. Der Wunsch nach einer eigenen Familie, nach eigenen Kindern ist bei jungen Menschen beiderlei Geschlechts mit über 80% sehr ausgeprägt. Ebenso wichtig wird von den Befragten der Lebensbereich „Beruf und Arbeit" eingestuft. Junge Menschen wollen sich nicht länger entscheiden müssen zwischen beruflicher Karriere und dem Leben mit Kindern.[107]

Besonders in der Zeit, wo die meisten Frauen Kinder bekommen, d.h. zwischen 25. und 40. Lebensjahr werden berufliche Weichen gestellt und Karrieren vorbereitet. Dies ist genau der Zeitraum, in dem aus betrieblicher Sicht von dieser Altersgruppe erhöhte Flexibilität, Mobilität und ein verstärktes berufliches Engagement gefordert werden. Damit ist das Konfliktfeld der Familienwirklichkeit beschrieben, das dazu führt, dass viele Mütter versuchen, Familie und Beruf mit individuellen Lösungen und unter hohen Belastungen zu vereinen, gepaart mit Selbstzweifeln und Überlastung. Vereinbarkeit darf aber nicht nur als reines frauenpolitisches Thema behandelt werden – unter den Vereinbarkeitszielen muss mehr gefasst werden als die gelingende Doppelbelastung der Frau. Ein ausgewogenes Verhältnis von Familie und Beruf kann nur dann erfolgreich sein, wenn die Familienarbeit zwischen Männern und Frauen in den entscheidenden Phasen des Familienlebens neu und gerecht verteilt wird.[108] Die Verknüpfung von Familie und

---

[107] vgl. Schmidt / Mohn, 2004: Seite 11
[108] vgl. Jampert, 2003: Seite 9 bis 15

Beruf ist daher auch eine innerfamiliäre Frage, die von den Vätern die Bereitschaft verlangt, den Arbeitsaufwand zu teilen.[109]

Da Erwerbsarbeit in der Regel die ökonomische Grundlage für das Leben in Familien ist, hat die Auseinandersetzung mit der Vereinbarkeit ihre Brisanz nicht verloren, sie ist vielmehr dringlicher geworden.[110] Dass Kinder ein Armutsrisiko darstellen können, ist hinlänglich bekannt. Tatsächlich können sich auch diesseits der Armutsgrenze finanzielle Engpässe einstellen, sobald ein Kind erwartet wird und aus zwei Einkommen plötzlich eins wird. Dies ist für die meisten Familien nur schwer zu kompensieren. Es bedarf kaum der Erwähnung, dass die Eltern in finanziell angespannten Situationen vermehrt Stress empfinden und insbesondere für die Frauen die Gefahr besteht, sich zurückgesetzt zu fühlen, da sie nur noch über eine geringe finanzielle Eigenverantwortung verfügen. Die Fortführung beruflichen Engagements ist daher bei vielen Familien eine ökonomische Notwendigkeit, bei anderen ist sie mit der Rollenidentifikation und dem Selbstwertgefühl der Partnerinnen verknüpft. Bei Frauen, die aus dem Beruf aussteigen, ist zunächst ein deutlicher Anstieg von Depressivität zu verzeichnen. Die Berufstätigkeit schon kurz nach der Geburt des Kindes kann eine ganze Reihe positiver Effekte haben, die nicht zuletzt eine größere Zufriedenheit der Mütter bewirken und letztlich eine positive Atmosphäre im familiären miteinander schaffen. Welche Rolle die Frau bevorzugt – Beruf oder Mutterrolle – hängt von den eigenen Kindheitserinnerungen der Frauen ab.

Wir wissen, dass Menschen Kraft aus dem Familienleben für die eigene Motivation schöpfen, aber private Sorgen ihre berufliche Leistungsfähigkeit einschränken. Die im Arbeitsleben erzielten Erfolge können einen Menschen auch im Privatleben beflügeln, andererseits kann Stress, der mit nach Hause genommen wird, auch das Familienleben belasten. Handeln für Familien muss sich an den Lebenswünschen der Menschen orientieren. Die Frage der individuellen Zufriedenheit der Mütter hängt in vielen Fällen unmittelbar mit der Ausübung einer Berufstätigkeit zusammen. Zwar finden viele Frauen in ihrer Rolle als Mutter Erfüllung, doch ergeben sich gerade für Frauen mit starker Berufsorientierung erhebliche Probleme.[111] Es kehren jene Frauen verstärkt an ihren Arbeitsplatz zurück, die in ihrem Beruf Erfüllung fanden und ein hohes Einkommen erzielten. Berufliche Veränderungen betreffen daher in aller Regel die Frauen, während das Arbeitsleben des Mannes im Übergang zur Elternschaft weitgehend kontinuierlich

---

[109] vgl. Niemer in BZgA (Hrsg.), 2004: Seite 14
[110] vgl. Sprey – Wessing, 1997: Seite 31
[111] vgl. Niemer in BZgA (Hrsg.), 2004: Seite12

verläuft. Damit verbunden ist eine Entwicklung, die sich negativ auf die Zufriedenheit der Frau auswirken kann. Je mehr sich der Mann in seinem Beruf engagiert, desto stärker wird die Frau auf die häusliche Rolle festgelegt. Sie übernimmt nicht nur die Aufgaben einer Mutter, sondern mehr als zuvor die Arbeit im Haushalt, da sich der Partner zur gleichen Zeit aus der Hausarbeit zurückzieht.[112]

Das Problem der Vereinbarkeit von Familie und Beruf ist damit nach wie vor in der Hauptsache ein Problem von Frauen und wird auch zumeist als solches diskutiert. Den Frauen wird in der immer noch männlich geprägten und an männlich dominierten Berufsrollen orientierten Gesellschaft, trotz aller Kritik und wachsenden Widerstandes, trotz aller Umbrüche und Veränderungen, die Lösung der „Vereinbarkeit" zugemutet. Somit sind sie neben der Doppelbelastung durch Familie und Beruf mit der Lösungssuche der Vereinbarkeit noch einer dritten Belastung ausgesetzt.[113]

3.4.3 Was Vereinbarkeit behindert

Noch immer liegen die Haupthindernisse für die Vereinbarkeit von Familie und Beruf in den betrieblichen Arbeitszeiten und den unzureichenden Angeboten der Kinderbetreuung, vor allem für Kinder unter drei Jahren.[114] Gleiches gilt für die Betreuung von Kindern zwischen drei und sechs Jahren in den Kindergärten über Mittag und am Nachmittag. Auch in den Grundschulen sind Ganztagsangebote noch sehr gering verbreitet. Weitere Probleme liegen in der Verlässlichkeit der Betreuung und in der Versorgung während der Ferien von Kindergärten und Grundschulen, sowie kurzfristigen, flexiblen Betreuungsangeboten nach Bedarf.[115] Auch Beurlaubungs- und Rückkehrmöglichkeiten sind weiterhin von zentraler Bedeutung.[116]

Ein weiterer möglicher Hinderungsgrund einer besseren Vereinbarkeit liegt in der Familie selbst. Wird von Seiten des Mannes verstärkt an der traditionellen Rollenverteilung festgehalten und entlastet er seine Frau nicht bei der Familienarbeit ist die Frau trotz gelingender Fremdbetreuung der Kinder weiterhin der Doppelbelastung von Familie und Beruf ausgesetzt. Also ist es besonders wichtig, dass Männer und Frauen miteinander reden, Rollen und Aufgaben klären. Hierzu ein Ausschnitt aus einem Interview mit der Bundesministerin für Familie, Senioren, Frauen und Jugend Frau Renate Schmidt zum Thema Vereinbarkeit von Familie und Beruf:

---

[112] vgl. Niemer in BZgA (Hrsg.), 2004: Seite 14
[113] vgl. Bundesministerium für Familie, Senioren, Frauen und Jungend, 1996: Seite 1
[114] vgl. ebenda
[115] vgl. Eichhorst / Thode, 2002: Seite 15
[116] vgl. Bundesministerium für Familie, Senioren, Frauen und Jungend, 1996: Seite 1

„Wenn Mütter den gleichen beruflichen Erfolg erreichen wollen wie Männer, aber zusätzlich für Kind und Küche zuständig sind, müssen sie entweder deutlich fleißiger sein und sich überfordern. Oder sie müssen Arbeit abgeben. Wenn Mütter Freiräume für ihre eigene Erwerbstätigkeit schaffen und nutzen wollen, müssen sie den Vätern etwas zutrauen und sie ihren eigenen Stil mit den Kindern, aber auch in der Hausarbeit finden lassen. Jungen Frauen rate ich aus eigener Erfahrung: Klären Sie Ihre Erwartungen an Partnerschaft und Familie am Beginn Ihrer Beziehung. Wenn sich eine Beziehung erst mal 15 Jahre in einer Weise eingeschliffen hat, dass sie die Einkäufe erledigt und er zum Fußballverein geht, dann ist das im 16. Jahr nur noch schwer zu ändern."[117]

3.4.4 Was Familien brauchen

Junge Männer und Frauen haben heute in der Regel eine qualifizierte Ausbildung. Wenn sie Eltern werden, stehen sie meistens mitten im Berufsleben und wollen oft auch nach der Geburt des Kindes weiter arbeiten. Familien müssen Rahmenbedingungen vorfinden, unter denen sie beides vereinbaren können.[118]

Die Bundesregierung hat in den vergangenen Jahren deshalb wichtige gesetzliche Maßnahmen beschlossen, die es ermöglichen sollten, berufliche und familiäre Aufgaben besser in Einklang zu bringen, und die Arbeit in der Familie aufzuwerten: das Erziehungsgeld und die Elternzeit, die Anerkennung von Erziehungsjahren in der gesetzlichen Rentenversicherung sowie die soziale Absicherung bei der Pflege von Angehörigen sowohl in der Renten- als auch in der Unfallversicherung, die verbesserte Freistellung zur Pflege erkrankter Kinder, der Rechtsanspruch auf einen Kindergartenplatz sowie die verbesserten Möglichkeiten im Rahmen des Beschäftigungsförderungsgesetzes und des Arbeitsförderungsgesetzes. Um positive Bedingungen für eine Vereinbarkeit von Familie und Erwerbstätigkeit durchzusetzen, reichen gesetzliche Regelungen jedoch alleine nicht aus.[119]

Eine Berufstätigkeit von Frauen setzt voraus, dass die Kinder während der Arbeitszeiten betreut werden. Wenn in einer räumlich mobilen und individualisierten Gesellschaft zunehmend die Möglichkeiten innerfamiliärer Kinderbetreuung, vor allem durch Großeltern wegfallen, sind Eltern vermehrt auf außerfamiliäre Angebote angewiesen. Hier leistet die öffentliche Kinder- und Jugendhilfe mit der Bereitstellung von Tageseinrich-

---

[117] zit. Renate Schmidt in: Rede der Bundesministerin für Familie, Senioren, Frauen und Jugend bei der Arbeitsdirektorenkonferenz der Hans-Böckler-Stiftung am 31. Mai 2005 in Berlin / http://www.bmfsfj.de/Kategorien/reden,did=28890.html
[118] vgl. Bundesministerium für Familie, Senioren, Frauen und Jungend, 1996: Seite V
[119] vgl. ebenda

tungen für Kinder einen entscheidenden Beitrag: Betreuungsangebote für Kinder können ein effektives Instrument zur Vereinbarkeit sein, wenn sie für Eltern verfügbar, bedarfsgerecht und bezahlbar sind. Das Kinder- und Jugendhilfegesetz sieht prinzipiell ein bedarfsangemessenes Angebot für alle Altersgruppen vor, aber trotz der vielerorts stattfindenden Weiterentwicklungen in der öffentlichen Kinderbetreuung ist das Betreuungsangebot vor allem für Kinder bis drei Jahre und für Schulkinder in der Bundesrepublik immer noch zu gering.[120]

Eine Erwerbstätigkeit von Müttern über Vormittage hinaus, das heißt jenseits von Teilzeitarbeit mit relativ geringer Stundenzahl, setzt zudem voraus, dass Betreuungseinrichtungen auch über Mittag und am Nachmittag verfügbar sind. Die Erwerbstätigkeit beider Elternteile wird nicht zuletzt davon beeinflusst, ob die Versorgung in Kinderkrippen, Kindergärten, Schulen und Horten verlässlich ist und wie oft und wie lange Kinderbetreuungseinrichtungen und Schulen im Jahresverlauf geschlossen sind. Fallen die Ferien in Kindergärten und Schulen wesentlich länger aus als der Jahresurlaub, so behindert das die kontinuierliche Ausübung einer Beschäftigung.

Die Erwerbsbeteiligung von Frauen hängt auch davon ab, wie sich die zusätzliche Erwerbstätigkeit eines zweiten Verdieners in einem Paarhaushalt auf das verfügbare Haushaltseinkommen auswirkt. Gelingt durch die Ausweitung der Erwerbstätigkeit eine deutliche Erhöhung des Nettoeinkommens, so sind starke Anreize für die Aufnahme einer Beschäftigung in Teilzeit oder Vollzeit gegeben. Ist der Einkommenszugewinn eher gering, wird ein Elternteil eher ganz oder teilweise auf eine Erwerbsarbeit verzichten und die Kinder zu Hause betreuen.[121] Transferleistungen für Familien, wie etwa das Kindergeld in Deutschland, verbessern zwar die finanzielle Lage der Haushalte, stellen jedoch keinen Anreiz zur Aufnahme einer Erwerbsarbeit dar, sofern sie nicht ausreicht, um auf dem Markt für private Kinderbetreuungsleistungen ausreichende Dienstleistungen einkaufen zu können.

Ansprüche auf die Freistellung von Elternteilen nach der Geburt eines Kindes können die Vereinbarkeit von Familie und Beruf verbessern. Einen positiven Beitrag zur Integration von Müttern und Vätern in den Arbeitsmarkt leisten sie aber nur dann, wenn während der Freistellung der Kontakt zur Arbeitswelt nicht abreißt. Hier sind Modelle einer Teilzeittätigkeit oder einer Weiterbildung im Elternurlaub sowie Modelle, die eine ausgewogenere Verteilung des Elternurlaubs zwischen beiden Elternteilen vorsehen, vorteilhafter als vollständige langfristige Freistellungen eines Elternteils. Wichtig ist in

---

[120] vgl. Jampert, 2003: Seite 9 bis 15
[121] vgl. Eichhorst / Thode, 2002: Seite 15

42

diesem Zusammenhang auch die Möglichkeit, die Arbeitszeiten in ihrer Dauer und Lage nach den Bedürfnissen von Müttern und Vätern unter Berücksichtigung der Erfordernisse des Betriebs flexibel zu handhaben.

Flexible, familienfreundliche Arbeitszeitgestaltung, mehr familiengerechte Teilzeitarbeitsplätze, eine mobile Organisation der Arbeitswelt können jedoch nur in den einzelnen Betrieben selbst geschaffen und nicht verordnet werden, der Staat kann hier nur Anreize schaffen.[122] In der Wirtschaft wird durch die Einführung flexibler Arbeitszeitmodelle, von Telearbeit, Arbeitsstundenkonten und andern Maßnahmen versucht, unter dem Oberbegriff „Work – Life – Balance" familienfreundlichere Arbeitswelten zu schaffen.[123]

Um Kinder bzw. Familie und Beruf unter einen Hut zu bekommen, bedarf es also nicht nur einer erheblichen organisatorischen Anstrengung, sondern auch eines familiären beziehungsweise sozialen Umfeldes, das diesen Lebensentwurf unterstützt, was noch viel zu selten der Fall ist.[124] Angesichts des deutlichen Mangels an Betreuungsplätzen für Kinder unter drei Jahren sind Stützungsnetze für junge Familien dringend geboten, d.h. Familien brauchen funktionierende soziale Netzwerke zum Erfahrungsaustausch und zur Betreuung. Selbstbestimmte Formen der Aufgabenteilung zwischen Familie und Beruf stoßen nicht nur an Grenzen der politischen und gesellschaftlichen Rahmenbedingungen, sondern müssen sich auch in der partnerschaftlichen Gestaltung familiärer Beziehungen entwickeln und bewähren.[125]

Wie in diesem Kapitel deutlich wurde, sind Frauen mehr zur Zurücknahme eigener Interessen und zur Orientierung auf die Familie, das „Innen" erzogen. Ihnen wird Mütterlichkeit zugeschrieben, sie übernehmen Verantwortung für andere und sind abhängig von sozialer Anerkennung. Dies alles „qualifiziere" sie angeblich für die Familienarbeit. Sie fühlen sich stark für das Wohlergehen anderer verantwortlich. Frauen stehen von klein auf in einem Zwiespalt von dem Innen, auf das sie verwiesen ist und dem Außen, das ihnen verwehrt wird. Dies setzt sich im Konflikt der Vereinbarkeitsproblematik fort. Durch die Zuweisung zu einem Bereich, dem innen mit kaum Möglichkeiten sozialräumliche Kompetenzen zu erwerben, bleiben ihnen wichtige Erfahrungen und Kompetenzen verschlossen. Frauen wurden und werden bedingt durch geschichtliche Entwicklungen, ihre Sozialisation und. deren Bedingungen auf den Bereich der Familien- bzw.

---

[122] vgl. Bundesministerium für Familie, Senioren, Frauen und Jungend, 1996: Seite V
[123] vgl. Jampert, 2003: Seite 9 bis 15
[124] vgl. Niemer in BZgA (Hrsg.), 2004: Seite 14
[125] vgl. Bundesministerium für Familie, Senioren, Frauen und Jungend, 1996: Seite 2

Hausarbeit verwiesen. Durch die Zuweisung von Mann und Frau auf den Produktions-bzw. Reproduktionsbereich werden die vorher angelegten Eigenschaften und Fähigkeiten verstärkt, der Unterschied zwischen den Geschlechtern verfestigt. Beiden bleiben dadurch wichtige Erfahrungen verwehrt. Für Frauen bedeutet dies oft Isolation, fehlenden Austausch und den Verzicht auf oder das Verlernen von Selbständigkeit. Die Teilhabe an beiden Bereichen aber bedeutet eine offene und vielseitige Lebensform. Da Frauen heute erwerbstätig sein wollen, die Männer sich aber nicht im gleichem Maße an der Hausarbeit beteiligen, ist die Frau einer Doppelbelastung durch Familie und Beruf ausgesetzt. Dies bedeutet einen Verlust an Lebensqualität und Gesundheit. Es findet auch eine Verunsicherung der Frau statt, da es für das Verbinden dieser zwei Lebensbereiche keine Biografievorlage gibt. Weiterhin wird ihnen Egoismus gegenüber ihren Kindern vorgeworfen. Die Vereinbarkeit von Beruf und Familie meint eine möglichst problemlose Kombination dieser beiden Bereiche. Sie ist wichtig, um Familien zu entlasten und besonders Frauen bzw. Müttern Erwerbstätigkeit zu ermöglichen. Dies soll jedoch nicht nur eine bessere Lebbarkeit ihrer Doppelrolle beinhalten, sondern auch eine gerechtere Aufteilung der Familienarbeit zwischen Mann und Frau. Die Vereinbarkeit von Familie und Beruf ist neben der Existenzsicherung wichtige Voraussetzung, um Familie überhaupt zu ermöglichen und somit die Stabilisierung bzw. Stärkung von Menschen. Es ist auch deutlich geworden, dass Frauen - noch immer - die hauptsächlich Betroffenen und Verantwortlichen der Vereinbarkeitsproblematik sind. Es gibt schon Ansätze zu einer verbesserten Vereinbarkeit, diese sind jedoch nicht ausreichend. Familien fehlen besonders ausreichende und vor allem flexible Betreuungsmöglichkeiten für ihre Kinder, stabile soziale Netzwerke und wenn möglich angepasste Arbeitszeitmodelle. Die Zunahme flexibler Arbeitszeiten erfordert eine entsprechende Angleichung bei der Kinderbetreuung. Dies gilt für alle Altersgruppen. Familien benötigen ein Auffangnetz für Notsituationen und spontane Ereignisse, in denen die Kinder betreut werden müssen. Auch Begegnung und Bildung sind unterstützende Pfeiler für Familien. Familien benötigen ein Halteseil in Form von Begegnungsmöglichkeiten, die Austausch, Abbau von Isolation und Selbsthilfe fördern sowie Bildungsangeboten, die Erziehungskompetenzen stärken.

4 Das Mehrgenerationenhaus

„Wenn alte und junge Menschen etwas gemeinsam unternehmen, gewinnen alle. Es können nicht nur wertvolle Erfahrungen weitergegeben und Brücken zum gegenseitigen Verständnis gebaut werden. Auch der Alltag junger Familien wird erleichtert und Ältere und Pflegebedürftige erhalten mehr Zuwendung".[126] Diese Aussage der niedersächsischen Sozialministerin Ursula von der Leyen, der Schirmherrin und Initiatorin der Mehrgenerationenhäuser, beschreibt in Kürze den Sinn und Zweck der Mehrgenerationenhäuser. In diesem Kapitel werden Mehrgenerationenhäuser generell und speziell die Ziele, Aufgaben und die Soziale Arbeit des Mehrgenerationenhaus Pattensen mit darin liegenden Chancen und Grenzen vorgestellt. In dieser Arbeit soll der Fokus auf den Möglichkeiten der Erleichterung des Alltags junger Familien durch Mehrgenerationenhäuser liegen.

4.1 Mehrgenerationenhäuser in Niedersachsen

Die Landesregierung will die Begegnung und Kommunikation der Generationen untereinander durch die Schaffung von Mehrgenerationenhäusern fördern. Diese Einrichtungen sind offene Tagestreffpunkte für Jung und Alt, in denen vielfältige Aktivitäten und Serviceangebote möglich sind. Mehrgenerationenhäuser sind geprägt von freiwilligem Engagement und Hilfe zur Selbsthilfe. Daneben sollen sie ein Netzwerk an Informationen, auch in professioneller Form, bieten. Die Mehrgenerationenhäuser sollen am örtlichen Bedarf orientiert sein. Bereits vorhandene Angebote für Jung und Alt können bedarfsgerecht miteinander verbunden und ergänzt werden. Innerhalb der laufenden Legislaturperiode sollen insgesamt 50 Mehrgenerationenhäuser in ganz Niedersachsen initiiert werden. Ziel ist es, dass in jedem Landkreis und in jeder kreisfreien Stadt mindestens ein Mehrgenerationenhaus entsteht. Im Oktober 2003 wurden die ersten Mehrgenerationenhäuser in Pattensen in der Region Hannover (Träger: MOBILE, Verein für Gesundheits- und Familienbildung e.V.) und in der Kreisstadt Hameln (Träger: Mütterzentrum e.V.) eröffnet. Inzwischen werden Mehrgenerationenhäuser auch in Dörverden (Landkreis Verden), Wildeshausen (Landkreis Oldenburg), Lüneburg, Nordstemmen (Landkreis Hildesheim), Langenhagen (Region Hannover), Braunschweig, Dannenberg

---

[126] zit. Ursula von der Leyen in :. http://www.ms.niedersachsen.de/master/C11111565_N1898929_L20_D0_I674.html

(Landkreis Lüchow-Dannenberg), Barnstorf (Landkreis Diepholz), Oldenburg, Gifhorn, Seesen, Peine, Rotenburg / Waffensen und in der Stadt Hannover vom Land gefördert.[127] Die Mehrgenerationenhäuser sind entstanden aus der Idee der Mütterzentrumsbewegung. Frau von der Leyen, die Initiatorin der Mehrgenerationenhäuser, begrüßt aber auch jede andere Entstehung. Es soll so vielfältig wie möglich sein. Mehrgenerationenhäuser gibt es zur Zeit sechzehn in Niedersachsen, die aus den unterschiedlichsten Einrichtungen hervorgegangen sind.[128]

4.2 Konzept der Mehrgenerationenhäuser in Niedersachsen[129]

Dies ist das allgemeine Rahmenkonzept des Landes Niedersachsen für ein lebendiges und generationsübergreifendes Miteinander in allen Mehrgenerationenhäusern in Niedersachsen.

4.2.1 Allgemeine Zielsetzung

Das Konzept des Mehrgenerationenhauses versucht eine Antwort auf die Veränderungen des sozialen Lebens zu geben. Das Mehrgenerationenhaus versteht sich als Beitrag zum Aufbau neuer Nachbarschaften mit Begegnungs- und Kontaktmöglichkeiten zwischen Jung und Alt. Wir können in Zukunft nicht alles, was Menschen brauchen, mit professionellen Kräften leisten. Wir können auch nicht mehr nur auf familiäre und unbezahlte (ehrenamtliche) Nachbarschaftsleistungen hoffen, weil die Anforderungen mittlerweile viel zu groß und zu kompliziert geworden sind. Gebraucht wird ein Ort, an dem

- alle Generationen ihren Platz haben und sich wie selbstverständlich im Alltag begegnen können,
- neue soziale Netze geknüpft werden können,
- neue Sicherheiten wachsen können,
- das Gestalten ausprobiert werden kann,
- es ein gleichberechtigtes und partnerschaftliches Miteinander von Menschen gibt, die ihre Alltags- und Familienkompetenzen einbringen und solchen, die ihre Berufsqualifikationen beitragen (Laien und Professionelle),

---

[127] vgl. http://www.ms.niedersachsen.de/master/C2383314_N2383836_L20_D0_I674.html

[128] vgl. http://www.ms.niedersachsen.de/master/C11111565_N1898929_L20_D0_I674.html

[129] In diesem nun folgenden Kapitel beziehe ich mich ausschließlich auf das Konzept der Mehrgenerationenhäuser in Niedersachsen in: http://www.ms.niedersachsen.de/master/C11111565_N1898929_L20_D0_I674.html

- Familien entlastende Dienstleistungen angeboten werden, die das Zusammenleben mit Kindern und alten Menschen erleichtern sowie konkrete Möglichkeiten bieten, Familie und Beruf zu verbinden.

Dies alles soll ein Mehrgenerationenhaus ermöglichen.

4.2.2 Zielgruppe

Das Mehrgenerationenhaus ist offen für alle Menschen im Einzugsgebiet: Frauen, Kinder, Familien, Männer, für Jung und Alt, für Gesunde und Kranke, für Hilfesuchende und -gebende, für Angehörige aller Nationalitäten und Glaubensgemeinschaften. Zum Gelingen werden dazu sozial kompetente Menschen jenseits professioneller Hilfe gebraucht. Das Leben im Mehrgenerationenhaus wird vom Geben und Nehmen bestimmt. In der Wechselseitigkeit der Erfahrung liegt der soziale Gewinn. Mit dem Mehrgenerationenhaus wird ein Raum bereitgestellt, in dem die Menschen sich als Teil einer Gemeinschaft begreifen, um mittels dieser Erfahrungen innerhalb und außerhalb dieses Raumes ihre eigenen Netzwerke aufzubauen und zu gestalten.

4.2.3 Arbeitsweisen und Methoden

Von den Defiziten zu den Ressourcen und Kompetenzen: Die Philosophie des Mehrgenerationenhauses basiert auf der Grundannahme, dass alle Menschen Ressourcen und Möglichkeiten haben, für individuelle und gesellschaftliche Probleme Lösungsschritte zu erarbeiten. Unter dem Motto „Zusehen – Mitmachen – Selbstmachen" bilden sich Gelegenheitsstrukturen, in denen die Menschen sich in ihrem individuellen Zeitrhythmus erproben können.

Selbsthilfe als Motor der Arbeit

Die „Hilfe zur Selbsthilfe" ist ein Prinzip der Arbeit, das „Laien – mit – Laien –Prinzip" ein Weiteres. Menschen aus der Nachbarschaft sind die Experten, die anderen bei Problemen, Sorgen und Fragen weiterhelfen und Managementfunktionen übernehmen. Charakteristisch für die Arbeitsweise im Mehrgenerationenhaus ist die Flexibilität der Angebote. Gleichzeitig zeigen sich darin auch die Fähigkeiten der aktiven Menschen im Haus. Der Begegnungsraum, die Kindertagesbetreuung und der Altenservice sind unverzichtbare Bestandteile eines Mehrgenerationenhauses. In Ergänzung dazu können weitere Bereiche angegliedert werden, die sich auf der Basis des Konzeptes entsprechend den Bedürfnissen der Nachbarschaft, Gemeinde etc. entwickeln.

Freiwilligenarbeit

Der Begegnungsraum wird eine Anlaufstelle sein für Menschen, die aus unterschiedlichen persönlichen Gründen an einer freiwilligen Mitarbeit im Haus interessiert sind. Freiwillige Arbeit ist ein bürgerschaftliches Engagement für die Gemeinschaft, für das kein Geld gezahlt wird. Allerdings ist es möglich, Aufwandsentschädigungen bei verbindlicher Mitarbeit zu gewähren. Der Lohn sind eher nicht-monetäre Leistungen wie beispielsweise das Zugehören zu einer aktiven Gruppe und die Möglichkeit, viel zu entwickeln und zu entfalten.

4.2.4 Rahmenbedingungen

Träger

Träger können sein: Kommunen, Wohlfahrtsverbände, Initiativen, Vereine, Kirchen, Bildungsträger, Träger der Jugend- oder Altenhilfe u.a. Die Träger haben die Aufgabe, die Gründung, den Aufbau und die Verstetigung eines Mehrgenerationenhauses sicher zu stellen. Dabei kommt es darauf an, das Selbsthilfekonzept des Mehrgenerationenhauses zu unterstützen und zu fördern.

Kooperationen

Für bestimmte Angebotsteile wie z.B. in der Kinderbetreuung, der Altenpflege, Fachberatungen, Fortbildungen und Supervisionen oder speziellen Dienstleistungen können Kooperationen abgeschlossen werden. Dabei ist es vor allem wichtig, dass sich die Partner auf das Selbsthilfe- und Kompetenzkonzept der Mehrgenerationenhäuser einlassen können, bzw. sie bereit sind, dieses Konzept zu unterstützen, zu ergänzen und zu fördern.

Personal

- Ein Leitungsteam mit einer fest angestellten Person (20 bis 30 Wochenstunden auf der Basis von BAT Vb) sowie zwei bis drei weiteren Personen mit geringfügiger Beschäftigung (Mini – Job),
- Ein Budget, das nach Bedarf für Aufwandsentschädigungen an aktive Personen eingesetzt wird, die verbindlich fest verabredete Angebote gestalten.

Die MitarbeiterInnen sollten aus dem Initiativ- und Nachbarschaftskreis des Mehrgenerationenhauses geworben werden und über gute soziale Kompetenzen sowie Team- und Führungsfähigkeiten verfügen. Kenntnisse über den Standort, sowohl was das soziale

Milieu als auch die nachbarschaftlichen und politischen Zusammenhänge betrifft, sollten vorhanden sein.

Förderung

Die Förderung von Mehrgenerationenhäusern ist ein Angebot des Landes. Das Mehrgenerationenhaus soll in Zusammenarbeit mit der jeweiligen Kommune eingerichtet werden und am örtlichen Bedarf orientiert sein. Die Träger können ihre Eigenmittel auch durch unbezahlte Freiwilligenarbeit, Spenden und Erlöse einbringen. Nach Ablauf der Initiierungsphase von drei Jahren sollen die Träger einen Bericht vorlegen. Das Land Niedersachsen fördert für fünf Jahre Personalkosten für eine wie oben genannte fest angestellte Person und beteiligt sich an den Sachkosten. Darüber hinaus bietet das Land eine begleitende Fachberatung für Träger, Kommunen und Initiativen in der Gründungs- und der Projektphase an.

Nach der Vorstellung des allgemeinen Konzeptes hier das konkretere und speziellere des Mehrgenerationenhaus Pattensen.

4.3 Konzept des Mehrgenerationenhaus Pattensen[130]

4.3.1 Entstehung und Geschichte

1994 wurde der Verein MOBILE e.V. – Verein für Gesundheits- und Familienbildung in Pattensen gegründet. Ziel war die Verbesserung der Angebotsstruktur im Bereich Familienbildung im Raum Pattensen / Springe. Der Verein ist eine private, gemeinnützige Organisation und in folgenden Bereichen tätig: Offener Treffpunkt, Familienbildung, Kinderbetreuung, Selbsthilfe, Gesundheitserziehung, Gesundheitsberatung. Als Anlaufstelle diente ein kleines Büro in Bennigsen. Erste Kurse wie Geburtsvorbereitung, Säuglingsgymnastik und gesunde Ernährung fanden in Räumen der Kirche, der Stadt, sowie in Turnhallen statt. Ein Team aus zwei, später drei Frauen war für die Organisation der Angebote und den Ausbau des Kursprogramms zuständig. *1996* entstand aufgrund eines großen Bedarfs an Kommunikationsmöglichkeiten die Idee eigene Räumlichkeiten als Treffpunkt für Familien aus Pattensen und Umgebung zu schaffen. Weitere Frauen kamen dazu. Es bildete sich der „Arbeitskreis Mütter- und Familienzentrum". *1998* wurde ein ehemaliger Tischlereibetrieb umgebaut. Mit Unterstützung

---

[130] Im nun folgenden Kapitel beziehe ich mich ausschließlich auf den Jahresbericht 2004 des Mehrgenerationenhaus Pattensen und die Internetseite http://www.mobile-pattensen.de

ortsansässiger Handwerksfirmen beteiligten sich zehn Familien in 3000 Stunden Eigenleistung an der Entstehung von Räumen für Gespräche, Spiele, Entspannung und Lernen auf insgesamt 230 Quadratmetern. *1999* wurde das Mütter- und Familienzentrum Pattensen eröffnet und ist im Laufe dieser Zeit zu einer wichtigen sozialen Einrichtung in der südlichen Region Hannover geworden. Hier findet ein Großteil der Angebote und Aktivitäten des Vereins statt. MOBILE e.V. ist Kooperationspartner des Kultusministeriums für die Verlässlichen Grundschulen in Pattensen. Das afrikanische Sprichwort „Um ein Kind groß zu ziehen, braucht man ein ganzes Dorf" ist das Leitmotiv des Hauses. Es ist für alle Menschen – jeden Alters, Geschlechts, Nationalität oder Religion – geöffnet. Mütter und Väter, Kinder, Großeltern und kinderlose Menschen sind willkommen. Sie können sich Betreuung, Rat und Hilfe holen oder einfach das Zusammensein und die Gespräche mit anderen genießen. Laientätigkeit, Selbsthilfe und professionelle Dienstleistungen sind hier gemeinschaftlich unter einem Dach. *Seit 01. Oktober 2003* ist das Mütter- und Familienzentrum Pattensen das erste Mehrgenerationen-Haus in Niedersachsen. Ausgehend von der bisherigen Arbeit sollte nun auch intensiver die Begegnung von Jung und Alt sowie der Austausch der Generationen untereinander gefördert werden. Der Bereich „Mehrgenerationenarbeit" wurde als Erweiterung und Ergänzung zum bis dahin bestehenden Offenen Treff aufgebaut und mit den Bereichen Kindergarten, Hort und Mini – Kindergarten vernetzt. Auf der örtlichen Ebene wurden durch die Kooperation mit einem Pflegewohnstift weitere Kontakte geknüpft und ein intergenerativer Ansatz aufgebaut.

4.3.2 Finanzierung

MOBILE e.V. finanziert sich durch Spenden und Erlöse, Mitgliedsbeiträge, Kursgebühren und Elternbeiträge. Öffentliche Mittel kommen vom Land Niedersachsen (Mehrgenerationenhaus, Kindertagesstätte, Verlässliche Grundschule), von der Region Hannover (Geschäftsführung) sowie von der Stadt Pattensen (Kindertagesstätte).

4.3.3 Räumlichkeiten

Die 230 m^2 verteilen sich auf zwei Etagen: auf das Mehrgenerationenhaus in der unteren Etage sowie den Kindergarten und Hort in der oberen.

Mehrgenerationenhaus: Café Mobile, Gute Stube, Bewegungs- und Kursraum, Spielzimmer, Küche, zwei Büros sowie drei Toiletten

Kindergarten und Hort: Bewegungsraum, Atelier (Kreativraum), Rollenspiel- und Konstruktionsraum, Küche, Büro, Kindertoilette, Toilette

Das Mehrgenerationenhaus ist täglich von 9.30 bis 16.00 Uhr und donnerstags von 9.30 bis 18.00 Uhr geöffnet. Darüber hinaus steht es Gruppen und Gesprächskreisen auch außerhalb dieser Zeiten zur Verfügung.

4.3.4 Ziele

Förderung des Miteinanders von Jung und Alt auf der Basis von Selbsthilfe, Beratung, Information, Betreuung und Kontaktaufbau, Abbau von Isolation, Unterstützung der Lebensgestaltung von Familien durch flexible Kinderbetreuungsmodelle und individuelle Lösungen, Unterstützung und Anleitung von Eltern und Großeltern zu Fragen der Kindererziehung, Unterstützung und Integration von Familien mit behinderten Kindern, Unterstützung und Anregung für die Gleichstellung von Männern und Frauen in Familie und Beruf, Beratung, Information und Möglichkeiten zur Selbsthilfe zu Fragen der Gesundheit.

4.3.5 MitarbeiterInnen

Die beschriebenen Aufgabengebiete und Aktivitäten sowie Vorstands- und Geschäftsführungstätigkeiten werden von insgesamt 70 Frauen und Männern zwischen 24 und 81 Jahren durchgeführt, die ehrenamtlich, hauptamtlich, als geringfügig Beschäftigte oder auf Honorarbasis tätig sind. Im Mehrgenerationenhaus können Frauen sowie Männer ihre durch Beruf erlernten Kenntnisse, aber auch andere erworbene Fähigkeiten einbringen. Hier erfahren sie Anerkennung und Entlastung im Alltag. Es bietet Frauen die Möglichkeit, während der Phase der Familienarbeit einen selbstbestimmten und der Lebenssituation angepassten Weg zurück in den Beruf zu gehen. Ältere Frauen und Männer mit freien Kapazitäten werden ebenfalls von diesem Konzept angesprochen und ermutigt, ihre Erfahrungen und Fähigkeiten an jüngere Mütter, Väter und Kinder weiter zu geben. Viele von ihnen arbeiten auf der Basis freiwilligen Engagements und als geringfügig Beschäftigte, wenige im Hauptberuf. Offener Treff, Küche, offene Kinderbetreuung, Gesprächskreise, kreative Angebote, Beratung, Organisation, Verwaltung, Buchhaltung und vieles mehr leben von engagierten ehrenamtlichen und nebenberuflichen MitarbeiterInnen. Weitere Mitarbeiterinnen sind als ausgebildete Fachkräfte in der Familienbildung und in der Kindertagesstätte tätig. Geschäftsführung und Leitung des Mehrgenerationenhauses sind eine Diplom – Sozialarbeiterin in Teilzeit und eine Berufspraktikantin in Vollzeit.

4.3.6 Angebote und familienunterstützende Dienstleistungen

„Offener Treff" / Mehrgenerationenarbeit

Der „Offener Treff" besteht aus dem täglich geöffneten „Café Mobile", aus offenen und selbstorganisierten Gruppen, denen Treffpunktmöglichkeiten geboten werden sowie aus Angeboten, welche die Begegnung und den Austausch der Generationen fördern. Grundgedanken sind hier die Eigeninitiative und Selbsthilfe. Laien tauschen sich aus oder bieten anderen Menschen Hilfestellungen an. Dazu gehören:

„Café Mobile": Das „Café Mobile" ist jeden Vormittag zwischen 9.30 Uhr und 12.00 Uhr und an zwei Nachmittagen pro Woche von 15.30 Uhr bis 18.00 Uhr geöffnet. Zusätzlich wird jeden zweiten Sonntag im Monat von 15.00 Uhr bis 17.30 Uhr Kaffee und Kuchen angeboten. Verköstigung und Betreuung der Kinder leisten ehrenamtliche MitarbeiterInnen. Vormittags kommen überwiegend Mütter, vereinzelt auch Väter und Großeltern mit Kindern im Alter von 0 bis 3 Jahren in das „Herzstück" des Mehrgenerationenhaus zum Frühstück und gemeinsamen Spielen. Nachmittags und am Wochenende finden sich auch mehr Väter und ältere Menschen ein. Zeitweise wird das „Café Mobile" für Familientreffen genutzt, oder es treffen sich verabredete Gruppen bei Kaffee und Kuchen. In der Zeit von 12.30 und 13.30 Uhr wird für Erwachsene und ältere Kinder Mittagessen angeboten. Das Mittagessen wird frisch zubereitet und kann im Mehrgenerationenhaus eingenommen oder mitgenommen werden.

Gesprächskreise / Selbsthilfegruppen: MOBILE e.V. bietet Gesprächskreisen und Selbsthilfegruppen im Mehrgenerationenhaus die Möglichkeit zu Treffpunkt, Austausch und Beratung. Im Jahr 2004 trafen sich regelmäßig folgende Gruppen:

- Offener Stilltreff: Mütter mit Fragen, Unsicherheiten und Problemen können sich einmal pro Monat Unterstützung von einer Stillberaterin holen und ihre Erfahrungen austauschen,
- Selbsthilfegruppe für Eltern mit geistig und / oder körperlich eingeschränkten Kindern: Diese Gruppe trifft sich einmal im Monat zum gemeinsamen Spielen, zum Erfahrungsaustausch sowie zur gegenseitigen Beratung und Hilfestellung.

Spielen und Erzählen:

- Zwei regelmäßige Doppelkopfrunden an Nachmittagen und Abenden
- eine Märchenoma erzählt regelmäßig einer Kleingruppe von Kindergartenkindern Märchen und singt mit ihnen,
- eine andere Dame liest den Hortkindern aus aktuellen Kinder- und Jugendbüchern vor,

- die Hortkinder treffen sich mit den Bewohnern des Pflegewohnstiftes zum gemeinsamen Kuchen essen und spielen.

Beratungsangebot der Frauenbeauftragten: Die Frauenbeauftragte der Stadt Pattensen begleitet einmal wöchentlich den Offenen Treff mit einem Beratungsangebot für Frauen. Die Erfahrung hat gezeigt, dass in einer zwanglosen Atmosphäre in vertrauter Umgebung Gesprächs- und Beratungsmöglichkeiten über Fragestellungen wie Trennung, Scheidung, finanzielle Unterstützung etc. eher wahrgenommen werden als z.B. in einer Behörde. Über diesen Erstkontakt hinaus können dann weitergehende Hilfen vermittelt werden.

Wunschgroßelterndienst: „Miteinander leben, gemeinsam Zeit verbringen, mit Kindern jung bleiben!" Unter diesem Motto wendet sich der Wunschgroßelterndienst an ältere Menschen, die ab und zu ein Kind betreuen möchten und an Eltern, die sporadisch oder regelmäßig für einige Stunden eine Entlastung benötigen. Im Jahr 2004 betreuten 9 Wunschgroßeltern 13 Kinder. Die Wunschgroßeltern und andere Interessierte trafen sich vierteljährlich zu einem Erfahrungsaustausch.

Schulfrühstück: Seit Februar 2002 besteht das Kooperationsprojekt des MOBILE e.V. und der Ernst – Reuter – Schule in Pattensen, welches zur besseren Versorgung der SchülerInnen mit ausgewogener Nahrung während der Schulzeit dient und eine Alternative zum weniger gesunden Pausensnack sein soll. Das Schulfrühstück wird jeden Mittwoch Vormittag frisch von Müttern und Großmüttern zubereitet und verkauft.

Gesundheits- und Familienbildung

Es werden über 40 Kurse für Erwachsene und Kinder angeboten. Die „Elternschule" richtet sich an (werdende) Eltern, kleine Kinder und Großeltern mit den Themen Gesundheit, Erziehung und gemeinsames Spielen. Darüber hinaus finden Kurse für ältere Kinder (Sprachen, Rhythmik, Psychomotorik) sowie für Männer und Frauen statt. Ein wichtiger Schwerpunkt ist die Frauengesundheit.

Arbeitsgruppen / Netzwerke

MitarbeiterInnen des MOBILE e.V. sind in verschiedenen Arbeitsgruppen tätig, die fachlichen Austausch und Vernetzung fördern sowie gemeinsame Projekte durchführen. Diese sind: das Netzwerk der Graueninitiativen in der Region Hannover, der Runde Tisch Frauen- und Mädchengesundheit in der Region Hannover, die Koordinierungsgruppe für Mütter- und Familienzentren in Niedersachsen, die Lokale Agenda 21 Pattensen, FLUXUS – Lernende Regionen, Netzwerk Hannover sowie die Elternwerkstatt und Seniorenwerkstatt.

Kindertagesstätte

Seit Februar 2004 werden in der Kindertagesstätte des MOBILE e.V. 50 Kindergarten- und 20 Hortkinder betreut. Die Betreuung der 3- bis 14- jährigen Kinder findet unter dem „Dach" eines gemeinsamen Konzeptes statt. Die Teamleitung besteht aus jeweils einer Mitarbeiterin des Kindergartens und des Hortes.

Hort für Grundschulkinder: Seit Februar 1999 gibt es den Hort für Grundschulkinder. In der Schulzeit werden die Kinder in der Zeit von 12.00 bis 16.00 Uhr betreut, in den Ferien können sie den Hort von 8.00 bis 16.00 Uhr besuchen. Im Rahmen eines flexiblen Betreuungsmodells werden je nach Möglichkeiten auch Kinder aufgenommen, die nur in den Ferien oder vorübergehend, z.B. durch Kur oder Krankenhausaufenthalt eines Elternteils, Betreuung benötigen. Die Notwendigkeit, Familie und Beruf zu vereinbaren, macht auch eine flexible Kinderbetreuung dringend erforderlich.

Kindergarten: Seit Februar 2004 stehen im Kindergarten des MOBILE e.V. 50 Plätze in zwei Gruppen zur Verfügung. Die Betreuungszeit liegt zwischen 7.30 und 14.00 Uhr. Nach dem Prinzip der halboffenen Gruppen gehören die Kinder einer Stammgruppe an, in der sie die Morgen- und Abschlussrunde verbringen oder besondere Aktivitäten unternehmen. Im Laufe des Betreuungstages wählen die Kinder gruppenübergreifend Angebote in den jeweiligen Räumen oder dem Garten aus.

Mini – Kindergarten

Seit 1999 werden durchgehend 15 Kinder im Alter von zwei bis drei Jahren aus dem Stadtgebiet Pattensen an zwei Vormittagen pro Woche betreut. Der Mini - Kindergarten wurde auf Grund der großen Nachfrage nach Betreuung für Kinder unter drei Jahren initiiert. Zunehmender wirtschaftlicher Druck, ein hoher Anteil an Alleinerziehenden und die Notwendigkeit für Mütter, möglichst frühzeitig in ihren Beruf zurückzukehren, spiegeln sich in einer langen Warteliste wieder. Durch den vorherigen Besuch des Mini – Kindergartens haben Kinder weniger Probleme mit der Eingewöhnung im Kindergarten, da sie die Ablösung von einer vertrauten Person sowie Gruppenprozesse bereits kennen.

Seit 1999 betreuen MitarbeiterInnen von MOBILE e.V. SchülerInnen der ersten und zweiten Klasse in den Pattenser Grundschulen. Der Verein setzt sich weiterhin als Kooperationspartner der Schulen für die Zusammenarbeit der beteiligten Institutionen (Schulbehörde, Schule und Träger) sowie der beteiligten Partner in den Schulen (Lehrer und Betreuer) ein und organisiert Fortbildungsangebote.

4.4 Aufgaben der Sozialarbeiterin im Mehrgenerationenhaus Pattensen

Im Vorfeld dieser Arbeit habe ich das Mehrgenerationenhaus Pattensen einmal besucht, um mir vor Ort einen Überblick über Einrichtung, Klientel, Mitarbeiter und Angebote zu verschaffen. Ein weiteres Mal habe ich mit der dort tätigen Sozialarbeiterin, die auch Leiterin des Hauses ist, über ihre Aufgaben gesprochen. Daraus ergab sich, dass es keine konkrete Stellenbeschreibung für eine Sozialarbeiterin im Mehrgenerationenhaus gibt, wohl aber eine Aufgabenbeschreibung für die Tätigkeit als hauptamtliche Vorsitzende mit geschäftsführender Funktion. Da sie auch Dipl. Sozialwirtin ist, liegt ein Schwerpunkt ihrer Arbeit bzw. Aufgaben auch im betriebswirtschaftlichen und Organisationsentwicklungsbereich. Gefragt nach der „typischen" Sozialen Arbeit im Mehrgenerationenhaus antwortete sie, dass dies bedeute Niedrigschwelligkeit zu ermöglichen, Selbsthilfepotentiale zu stärken, Ansprechpartnerin bei Beratungsbedarf zu sein, weitergehende Hilfestellungen zu vermitteln, Kontakte zu und Informationen über andere soziale Einrichtungen in der Stadt Pattensen und Region Hannover zu knüpfen bzw. zu pflegen. Der hauptsächliche Unterschied zu den (ehrenamtlichen) MitarbeiterInnen liegt in der Funktion der hauptamtlichen Vorsitzenden mit geschäftsführender Funktion. Diese nahm sie vorher zwar auch als ehrenamtliche – oder besser freiwillige – Mitarbeiterin ein. Durch die Hauptamtlichkeit ist in der Regel jedoch mehr Verbindlichkeit gegeben, was besser zu dem großen Verantwortungsbereich passt. Wichtig ist zu sagen, dass keine Klientifizierung und Abwertung der Besucher des Mehrgenerationenhaus stattfindet. Die leitende Sozialarbeiterin betonte die (für Soziale Arbeit untypische bzw. nicht gängige) Sicht der Besucher als gleichberechtigten Partner mit Fähigkeiten, die zu respektieren sind. Dies gilt auch für die Zusammenarbeit mit den anderen (ehrenamtlichen) MitarbeiterInnen, die trotz fehlender Ausbildung für genau die Tätigkeit, die sie ausführen als vollwertige Kollegen gesehen, behandelt und miteinbezogen werden. Dies unterscheidet die Soziale Arbeit im Mehrgenerationenhaus Pattensen von der Arbeit in anderen Arbeitsfeldern.[131]

Da die Aufgaben der weiter oben genannten Funktion Schwerpunkt der Tätigkeiten der Sozialarbeiterin sind, werden sie hier nun aufgestellt.

4.5 Aufgabenbeschreibung für die geschäftsführende und leitende Tätigkeit der Vorsitzenden des Vorstandes[132]

Allgemeine Aufgaben

Die Vorsitzende des Vorstandes ist zuständig für Organisation, Koordination, Entwicklung und Überwachung der Vereinsgeschäfte. Sie trägt die fachliche und finanzielle Verantwortung. Sie ist Vorgesetzte der Mitarbeitenden und für die Personalentwicklung verantwortlich. Ihr obliegt die Öffentlichkeitsarbeit, sie übt das Hausrecht aus. Im einzelnen hat sie im Rahmen ihrer Gesamtverantwortung insbesondere folgende Aufgaben:

- Haushaltsplanung und -kontrolle: Diese wird kontinuierlich durchgeführt. Sie ist mit den übrigen Vorstandsmitgliedern abzustimmen. Zu den Tätigkeiten zählen Antragswesen, Mittelbeschaffung, Verwendungsnachweise und Sachberichte, Gremienarbeit, Kontakte zu politischen Vertretern und der Verwaltung.

- Planung: Hierzu zählt die Planung zukünftiger Geschäftsziele und deren Umsetzungsmöglichkeiten.

- Organisation: Die derzeitigen und geplanten Geschäftsfelder müssen strukturiert und koordiniert werden. Dazu gehören Gestaltung der Arbeitsabläufe und Informationswege, Arbeitsteilung und Zuordnung der Aufgaben sowie Koordination und Vernetzung.

- Personalmanagement und Führung: Hierzu gehören: Personalgewinnung und Personalentwicklung.

- Kontrolle: Abgleich der festgesetzten Ziele mit dem tatsächlich Erreichten. Analyse möglicher Ursachen und Umsetzung von Veränderungen.

Die Geschäftsführung führt die Planung, Organisation, Delegation, Koordination und Kontrolle ihres Aufgabenbereiches eigenverantwortlich durch. In regelmäßigen Abständen wird im Rahmen von Vorstandssitzungen und Mitgliederversammlungen Bericht

---

[131] vgl. Interview und Email – Kontakt mit Annette Köppel
[132] ich beziehe mich in diesem Unterpunkt auf die Aufgabenbeschreibung für die geschäftsführende und leitende Tätigkeit der Vorsitzenden des Vorstandes

erstattet. Es findet eine enge Kooperation und Abstimmung im Vorstand und mit den Mitarbeitenden statt.

Aufgaben im einzelnen

Finanzen: dazu gehören die Haushaltsplanung, Anträge, Berichte, Kontakte zu Politik u. Verwaltung, Laufende Haushaltsübersicht, Entscheidungen zu einzelnen Haushaltsstellen, besonders Personal, Mittelakquise, Jahresabschluss, Controlling

Organisationsentwicklung: dazu gehört die Leitbildentwicklung, Planung zukünftiger Geschäftsziele, Strukturentwicklung, Koordination, Organisation, Gestaltung und Koordination der Arbeitsfelder, Organisation und Koordination der Arbeitsabläufe, Delegation von Aufgaben und Entscheidungen, Gestaltung der Kommunikationsstrukturen

Personalmanagement: damit ist gemeint Personalgewinnung (Bedarfsplanung und Auswahl), Personalentwicklung (Fort- und Weiterbildung, Jahresgespräche), Teamleitung

Mitarbeit und Kooperationen: dies beinhaltet Koordinierungsstelle der niedersächsischen Mütterzentren, Netzwerk der Fraueninitiativen in der Region Hannover, Lokale Agenda 21, DPWV, Schulen, Leine – VHS

Interessenvertretung und Öffentlichkeitsarbeit:: dazu zählen Kontakte zu bzw. Gespräche mit Arbeitsgruppen, Ausschüsse, städt. Verwaltung, Landesjugendamt, Bezirksregierung Ref. f. Frauenprojekte, Region Hannover Ref. f. Gleichstellungsfragen, Ministerium für Frauen, Arbeit und Soziales, Ratsgremien, Politik, Andere Träger und Vereine auf, Firmen, Koordination der Pressearbeit, Konzeption und Koordination eigener Veröffentlichungen (Jahresbericht, Programm)

4.6 Chancen und Grenzen des Mehrgenerationenhaus Pattensen

Im Konzept des Mehrgenerationenhaus Pattensen wird auch die Verbesserung der Vereinbarkeit von Beruf und Familie durch die Entlastung von jungen Familien als Ziel formuliert. Um den Bezug zum Thema Vereinbarkeit herzustellen und zu klären, ob dieses Ziel erreicht wird, werden nun Möglichkeiten und Begrenztheiten der Arbeit und der Angebote im Mehrgenerationenhaus Pattensen dargestellt. In erster Linie in Bezug auf die Verbesserung der Vereinbarkeit.

4.6.1 Chancen der Familienbildung und des Mehrgenerationenhauses

Innovative Modelle wie im Mehrgenerationenhaus Pattensen bieten Unterstützung in Form von Begegnung, Betreuung und Bildung unter einem Dach. Generationsübergreifende professionelle und Laienarbeit bietet ein umfassendes Spektrum an Kompetenz,

Fachlichkeit, Erfahrung und Motivation (z.B. Kinderbetreuung zwischen Selbsthilfe und professionellen Angeboten).[133] Da die tragenden Säulen Mütter sind, also aus der Familienpraxis kommen, sind sie mit den Lebensbedingungen von Familien vertraut und in der Lage, diese zu unterstützen, zu vernetzen und zu stärken. Es können oftmals spontane, alltagstaugliche Hilfen angeboten werden. Das Mehrgenerationenhaus fördert die Kompetenzen einzelner und stärkt dadurch ihr Selbsthilfepotential.[134] Die Angebote werden bedarfsgerecht vor Ort initiiert und unterstützen und entlasten die jeweilige Kommune.

So konnten im Bereich der Kinderbetreuung im Mehrgenerationenhaus vielfältige Formen entstehen, die hier aufgeführt werden.

Feste Betreuungsgruppen

- Mini – Kindergarten (2 – 3 Jahre),
- Kindergarten und Hort (3 – 6 Jahre bzw. 6 – 14 Jahre).

Flexible Betreuungsangebote

Es handelt sich um Angebote, die sich vor allem durch zwei Merkmale auszeichnen:

- Platz – Sharing durch Betreuung zwischen drei und fünf Tagen pro Woche,
- Betreuung von Kindern, die nicht regelmäßig kommen (z.B. in den Ferien, bei Kur- oder Krankenhausaufenthalt eines Elternteiles),
- Kurzzeitbetreuung bei Arzt- oder Behördenbesuchen oder für Geschwisterkinder während eines Kurses.

Je nach Kapazität werden die erstgenannten Kinder im Hort betreut oder in einer separaten Gruppe zusammen gefasst. Für die Kurzzeitbetreuung steht eine freiwillige Mitarbeiterin im Rahmen des Offenen Treffs zur Verfügung.

Offenes Betreuungsangebot bei Anwesenheit eines Elternteils

Im Rahmen des täglich geöffneten Offenen Treffs „Café MOBILE" werden die anwesenden Kinder (in der Regel 0 bis 3 Jahre) nach dem gemeinsamen Frühstück von freiwilligen Mitarbeiterinnen im Spielzimmer betreut, während die Mütter, Väter oder Großeltern Zeit für Austausch und Entspannung haben.[135]

Vermittlung von Betreuung

Neben den dargestellten Betreuungsangeboten nimmt die Beratung und Vermittlung einen breiten Raum ein. Es werden Aushänge gemacht, Informationen weitergegeben

---

[133] vgl. Köppel in: Region Hannover, 2004: Seite 59
[134] vgl. Köppel in: Region Hannover, 2004: Seite 59
[135] vgl. ebenda: Seite 60

und Anfragen durchgeführt. Durch die vielfältigen Kontakte im Mehrgenerationenhaus können Hilfsangebote spontan, pragmatisch und unbürokratisch vermittelt werden.

Beim *Wunschgroßelterndienst* werden Fragebögen aufgenommen, Erstkontakte hergestellt, eine Vermittlung vorgenommen und begleitende Gespräche geführt.

Vorteile:

- Kinder erleben Großeltern / ältere Menschen,
- Großeltern / ältere Menschen bringen ihr Wissen, ihre Erfahrungen, ihre Zeit ein,
- Ergänzung zu Schule und KiTa,
- Entlastung für Eltern bzw. Mütter.

Diese Ausschnitte aus dem Angebotsspektrum des Mehrgenerationenhauses Pattensen spiegelt die Vielfältigkeit wieder, die, wie eingangs dargestellt, Familien in ihren individuellen Lebenssituationen benötigen. Der Ansatz der Laienarbeit, Selbsthilfe und professionelle Angebote vereint, wird dem aktuellen Bedarf qualitativ gerecht und bietet vielfältige Möglichkeiten. Mütterzentren und Mehrgenerationenhäuser als Orte der Begegnung, Betreuung, Bildung und Beratung bieten ein Netz an Unterstützung und stärken die Selbsthilfekräfte von Familien. Flexible räumliche und konzeptionelle Rahmenbedingungen, wie sie in diesen Einrichtungen durchgeführt werden, ermöglichen es, bedarfsgerechte Angebote für die jeweilige Altersgruppe zu gestalten und eine optimale Ausnutzung vorhandener Kapazitäten zu schaffen. Die Kommunen in der Region Hannover, wenn sie es denn noch nicht tun, können hier auf ein Potential an Basisnähe zurückgreifen. Dieses kann zu einer bedarfsgerechten Einschätzung und Planung von Kinderbetreuungsmöglichkeiten vor Ort beitragen und eine Brücke zwischen Eltern als Initiatoren und Nutzern sowie der Kommune als Anbieter schlagen. Dieser Kosten – Nutzen – Aspekt ist bei zukünftigen Investitionen in den Bereich der Kinderbetreuung zu beachten. Quantitativ sind die Angebote der Mehrgenerationenhäuser und Mütterzentren in der Region Hannover und anderer Träger besonders für die Betreuung von Kleinkindern absolut nicht ausreichend. Hier bedarf es dringend eines Ausbaus.[136]

- Betreuung von Kindern von zwei bis vierzehn Jahren,
- wirkt Isolation entgegen, was auch für junge Mütter wichtig ist,
- der Wichtigkeit sozialer Netzwerke wird Rechnung getragen durch das Einbinden der Menschen in stützende künstliche Netze,

---

[136] vgl. Köppel in: Region Hannover, 2004: Seite 61

- Sensibilisierung auf das Thema Vereinbarkeit, Anregungen zur Diskussion in der Gesellschaft und innerfamiliär,

- Beratung in Erziehungsfragen, zum Thema Vereinbarkeit, Beruflicher Wiedereinstieg, etc.,

- mit Eltern gemeinsam Wege finden wie sie ihre persönliche Vereinbarkeits"problematik" lösen,

- Erleichterung durch reden über Probleme und das Gefühl nicht allein damit zu sein,

- Erleben von mehreren Generationen, wenn Kinder selbst keine Großeltern haben (Kinder sind vermehrt Einzelkinder, haben weniger Verwandte und evtl. ältere oder keine Großeltern) – Austausch der Generationen wird trotzdem ermöglicht,

- das Mehrgenerationenhaus kann als Familienersatz dienen oder dazu werden (vor allem bei Alleinerziehenden),

- Gesundheit und Zufriedenheit und Entlastung der Familien(-mitglieder) wird erhöht; daraus folgt, dass sie mehr Kompetenzen haben ihr Leben zu meistern und somit wieder andere stützen können; Familien werden also gestärkt,

- Weitergabe von Wissens / Kompetenzen über Familienfragen, Erziehungsfragen, etc. und Austausch unter gleich Betroffenen,

- es können neue Kontakte geknüpft werden, die wiederum evtl. Betreuungsmöglichkeit für Kinder bedeuten oder neue / weitere Ideen dazu haben.

4.6.2 Grenzen der Familienbildung und des Mehrgenerationenhauses

- Bei Kommunikationsproblemen der Partner, wenn der Mann nicht im Haushalt hilft oder an der „typischen" Rollenverteilung festhält, wenn Frauen sich nicht durchsetzen, nicht verhandeln können,

- Ehrenamt wird vorwiegend von Frauen ausgeübt, was bedeutet, dass sie genau das gleiche weitermachen, wie bisher: für andere da sein, sich aufopfern ohne Bezahlung und dadurch (das Ehrenamt) evtl. noch mehr Arbeit haben als bisher,

- es kommen kaum Väter und Großväter, was ein Aufbrechen oder wenigstens Aufweichen der traditionellen Rollenverteilung bedeuten würde und auch zu einer besseren Vereinbarkeit beitragen würde, da Männer so dann auch Teile von Familienarbeit übernehmen würden,

- Problem der Abgrenzung Laien- / Professionellenarbeit,

- Politische Entscheidungen, finanzielle Unterstützung oder der Entzug von Mitteln beschränken die Möglichkeiten,

- das Wohlwollen / die Akzeptanz bzw. die Mitarbeit der Besucher bzw. des Einzugsgebiets, da diese den Hauptteil der Arbeit leisten, und weil diese in einem konservativen Umfeld wie Pattensen darüber entscheiden, ob eine Einrichtung angenommen wird / bleiben darf,
- das Mehrgenerationenhaus steht und fällt mit dem Engagement und der „Qualität" der Ehrenamtlichen,
- Betreuungsangebote können nur bis zu einer bestimmten Kapazität angeboten werden (sind nicht ausreichend); Betreuung in Ferienzeiten fehlt,
- das Mehrgenerationenhaus kann keine innovativen Arbeitszeitmodelle mit den Arbeitgebern vereinbaren, keine Betriebskindergärten einrichten. Es könnte aber die Eltern darüber informieren, was es bisher an Möglichkeiten gibt,
- die Betreuungsangebote kosten Geld und sind nicht so flexibel, wie es nötig wäre,
- es gibt zu wenig qualifizierte Mitarbeiter, wodurch die Sozialarbeiterin überlastet werden kann und zu wenig Zeit für die Umsetzung neuer Projekte und somit innovativer Weiterentwicklung bleibt.

Zusammenfassend ist zu sagen, dass das Mehrgenerationenhaus Pattensen in erster Linie getragen wird durch ehrenamtliche bzw. freiwillige Mitarbeiter. Die Aufgaben der Sozialarbeiterin sind vernetzende, koordinierende und die Selbsthilfepotentiale der Besucher stärkende. Der Klient wird im Mehrgenerationenhaus Pattensen als Mensch mit Potentialen und Fähigkeiten respektiert und in die seine Belange betreffende Arbeit mit einbezogen. Die Kompetenzen Einzelner und von Gruppen werden gefördert und dadurch ihr Selbsthilfepotential gestärkt. Die Besucher lernen, sich zu organisieren und für ihre Interessen (auch politisch) zu engagieren (Teilhabe und Beteiligung). Insgesamt kann also festgehalten werden, dass das Mehrgenerationenhaus Pattensen durch das Angebot flexibler Modelle der Kinderbetreuung, das Anbieten von Hilfe zur Selbsthilfe und unterstützender Netzwerke einen Beitrag zur besseren Vereinbarkeit von Familie und Beruf leistet. Die dort somit stattfindende Entlastung und Stärkung von Familien bleibt jedoch unter anderem durch finanzielle Möglichkeiten begrenzt.

5 Und was ist daran Soziale Arbeit? – Empowerment im Sozialen Raum

Nachdem nun das Mehrgenerationenhaus Pattensen und die Aufgaben der Sozialarbeiterin dort vorgestellt wurde, wird in diesem Kapitel die Theorie hinter dieser Arbeit vorgestellt. Sie wird in Bezug zu einer Methode bzw. einem Arbeitsprinzip der Sozialen Arbeit gesetzt, dem Empowerment. Da das politische Empowerment und die Selbsthilfe eine entscheidende Rolle in der Arbeit des Mehrgenerationenhaus Pattensen spielen, wird hier auf diese Punkte eingegangen. Die Aufgaben und Fähigkeiten einer Sozialarbeiterin in der Empowermentpraxis werden beleuchtet, die Chancen und Grenzen des Empowermentprozesses reflektiert. Da die Arbeit im Sozialraum der Betroffenen stattfindet, wird dieser zunächst einmal definiert.

5.1 Der Soziale Raum

Der Begriff „Sozialer Raum" oder „Sozialraum" bezieht sich auf einen sozial und geografisch abgrenzbaren Lebensraum: einen Stadtteil, ein Viertel, ein Dorf. Also einem Lebensraum von Menschen, der durch strukturelle oder soziale Merkmale abgegrenzt werden kann.[137] Sozialraum umschreibt die mehrheitliche Einschätzung der ostsansässigen und ortsverbundenen Bevölkerung hinsichtlich des Ausmaßes ihres „Viertels", welches in jedem Fall räumlich abgegrenzt ist. Damit wird der Sozialraum nicht von Planern definiert, er folgt auch nicht Stadtteil-, Bezirks- oder Regionsgrenzen, sondern er entspricht am ehesten räumlichen Gebilden, die mit den Begriffen Quartier, Wohngebiet, Wohnumfeld, Viertel umschrieben werden können. Diesem Verständnis begegnet man oftmals bei „Ur – EinwohnerInnen", die über eine lange Zeit in „ihrem" Sozialraum leben, in ihm verwurzelt sind und ihn als ihre fest umgrenzte Heimat erleben.[138] Man spricht bei Sozialraum aber auch vom „Einzugsbereich". Gemeint ist damit das Gebiet, in dem eine Einrichtung liegt und aus dem ihre Besucher kommen. Im Falle des Mehrgenerationenhaus Pattensen ist dies die Stadt Pattensen oder, je nach Mobilität der Besucher, Ortsteile oder auch die nähere Umgebung. Der Sozialraum kann ein Ort der Partizipation und Mobilisierung von Selbsthilfekräften sein, was im Falle des Mehrgenerationenhaus Pattensen auch zutreffend ist. Der Begriff des Sozialraums wird dem-

---

[137] vgl. Deinet, 2002: Seite 31
[138] vgl. Joschonek, 2005: o. Seite

nach fast ausschließlich sozialgeografisch verstanden, damit werden jedoch wichtige subjektive und qualitative Aspekte vernachlässigt.[139]

Die Lebenswelt dagegen definiert jeder einzelne Mensch zunächst für sich individuell, sie ist subjektbezogen. Diese Definition kann räumlichen Dimensionen entsprechen; sie kann sich aber auch jeglicher sozialräumlicher Eingrenzung entziehen.[140] Die individuelle Lebenswelt kann sich demnach räumlich in unterschiedliche Regionen, je nach Mobilität eines Individuums, ausdifferenzieren. Die Wohnregion kann dabei lediglich einen zeitlich und sozial geringen Anteil an der Lebenswelt eines Individuums einnehmen. Bei sehr geringer Mobilität können Lebenswelt und Sozialraum tendenziell stärker in Übereinstimmung stehen. Es handelt sich bei der Lebenswelt um die subjektive Sichtweise von sozialen Räumen. Das bedeutet eine individuelle Sinnbelegung, eigene Deutungs- und Handlungsmuster der jeweiligen Person - also die subjektive Bewertung der Bedingungen des Sozialen Raums.[141]

Beim Sozialraum handelt es sich also um die objektiv vorhandenen Gegebenheiten eines Lebensraumes, bzw. die objektiven Strukturen der Lebenswelt von Menschen. Das ist z.B. das Milieu, in dem ein Mensch lebt, die dort geltenden Bedingungen, Regeln und Deutungsmuster. Dazu gehört auch der bebaute und natürliche Raum, die Verfügbarkeit sowie die Qualität sozialer Netzwerke. Am Beispiel der Familie verdeutlicht handelt es sich um die Wohnverhältnisse der Familie, die berufliche, sowie die finanzielle Situation, Freunde der Eltern oder Verwandte, die Entfernung zur Schule oder zum Kindergarten und das Vorhandensein von Spielkameraden, Freunden und Spielmöglichkeiten in der näheren Umgebung, also die konkreten Lebensbedingungen der Familie. Der gleiche Sozialraum wird von verschiedenen Altersgruppen und unterschiedlichen sozialen Gruppen sehr unterschiedlich als Lebenswelt empfunden und bewertet. So kann zum Beispiel ein Spielplatz direkt vor der Wohnung für ein älteres Ehepaar als störend empfunden werden, für eine Familie mit Kindern aber als Vorteil.

5.2 Empowerment

5.2.1 Definition

Empowerment bedeutet wörtlich übersetzt Selbstbefähigung, Stärkung von Autonomie und Eigenmacht. Empowerment ist heute ein Sammelbegriff der Arbeitsansätze in der

---

[139] vgl. Deinet, 2002: Seite 31
[140] vgl. Joschonek, 2005: o. Seite
[141] vgl. Deinet, 2002: Seite 32

psychosozialen Praxis, die Menschen ermutigen ihre eigenen Stärken zu entdecken und Hilfestellung gibt, sich Selbstbestimmung und Lebensautonomie (wieder) anzueignen. Ziel der Empowermentpraxis ist vorhandene, vielfach verschüttete, Fähigkeiten der KlientInnen der Sozialen Arbeit zu autonomer Lebensplanung zu stärken und Ressourcen herauszufinden, welche die KlientInnen befähigen sollen, ihre Lebenswege und – räume selbständig gestalten zu können. Kurz gesagt ist Empowerment das Animieren zur (Wieder-) Bemächtigung von Autonomie über die Angelegenheiten des eigenen Lebens.[142]

Empowerment in der Sozialen Arbeit ist nach Stimmer sowohl ein Arbeitsprinzip als auch ein Handlungsmodell. Ein Arbeitsprinzip durch seine ethische Grundlage und Handlungsmodell, da viele verschiedene Arbeitsformen, Interaktionsmedien und Methoden in unzähligen Arbeitsfeldern auf den vier noch zu beschreibenden Handlungsebenen des Empowermentprozesses – der Individual-, Gruppen-, Organisations- und der Sozialraumebene - eingegliedert werden können.[143]

Ausgangspunkte von Empowermentprozessen sind das Erleben von Machtlosigkeit und Fremdbestimmung, der Verlust von Selbstbestimmung und Autonomie, sowie (erlernte) Hilflosigkeit.

5.2.2 Menschenbild und Grundwerte[144]

Besonders wichtig am Konzept des Empowerment ist die Kritik am traditionellen KlientInnenbild der Sozialen Arbeit. Dieses Bild ist auch heute noch weitestgehend geprägt von einer defizitär orientierten Sicht des Menschen. Die Identitätskonzeptionen der KlientInnen Sozialer Arbeit, der Horizont ihrer Lebenserfahrungen und ihre Sozialen Netzwerke werden also nicht selten lediglich als mangelhaft, unvermögend und schwach eingestuft. Das Empowermentkonzept lehnt diese Fokussierung der Schwachstellen von Biographien ab. Selbst in schwierigen, belastenden Lebensphasen werden die AdressatInnen Sozialer Arbeit als fähige Akteure gesehen, die es vermögen ihre Lebensentwürfe nach ihren eigenen Regeln autonom zu gestalten und dadurch Mut und Selbstbewusstsein zur weiteren Lebensgestaltung erlangen. Leitmotiv der „Philosophie der Menschenstärken"[145] ist dieses Vertrauen in die Fähigkeiten und selbst entwickelten Kräfte der Menschen, produktiv die alltäglich belastende Lebenswirklichkeit zu bearbeiten, sowie ihre eigenen und gemeinschaftlichen Ressourcen für eine autonome Lebens-

---

[142] vgl. Herriger in: Deutscher Verein für öffentliche und private Fürsorge, 2002: Seite 262 und 263
[143] vgl. Pörtner, 2005a: o. Seite
[144] vgl. Herriger in: Deutscher Verein für öffentliche und private Fürsorge, 2002: Seite 262 und 263
[145] vgl. Herriger, 2002: Seiten 70 ff

führung zu nutzen. Dieses für die Empowermentpraxis leitende und grundlegende Menschenbild setzt sich aus folgenden Bausteinen zusammen:[146]

- das Abwenden vom defizitorientierten Blick auf Menschen in schwierigen Lebenssituationen und gleichzeitig das Unterlassen des Zuschreibens von Hilfebedürftigkeit oder Hilflosigkeit,

- die Fokussierung der Menschenstärken: der Glaube an die Fähigkeiten jedes Menschen zu Selbstaktualisierung und persönlichem Wachstum,

- das Akzeptieren von Eigensinn: der Respekt vor der Autonomie und der Eigenverantwortung der KlientInnen und die Achtung auch unkonventioneller Lebenskonzepte,

- Soziale Arbeit als Lebensbegleitung: die Achtung vor der individuellen Zeit und den individuellen Wegen der KlientInnen sowie das Verzichten auf eng bemessene Zeitpläne und wenig individuelle Hilfepläne,

- die normative Zurückhaltung der Helfenden: das Unterlassen entmündigender Urteile von Experten die Definition von Lebensproblemen, Problemlösungen und Lebensperspektiven betreffend,

- die grundsätzliche Orientierung an einer Rechteperspektive: Menschen in schwierigen Lebensphasen haben unabhängig vom Grad ihrer Belastungen ein unveräußerliches Partizipations- und Wahlrecht im Hinblick auf die Gestaltung ihres Lebensalltags.

Dazu sagt Herriger: „Das Subjektmodell des Empowermentkonzeptes... ist getragen von dem festen Glauben an die Fähigkeiten des Individuums, in eigener Kraft ein Mehr an Autonomie, Selbstverwirklichung und Souveränität zu erstreiten – und dies auch dort, wo das Lebensmanagement der Adressaten sozialer Hilfe unter einer Schicht von Abhängigkeit, Resignation und ohnmächtiger Gegenwehr verschüttet ist. Mehr als alle methodischen Ableitungen liegt wohl in diesem Wechsel des pädagogischen Blicks von der Defizitdiagnose hin zur Spurensuche nach Stärken die besondere produktive Kraft, die vom Empowermentkonzept ausgeht".[147] Um den geforderten Perspektivenwechsel von der Defizitorientierung zur Förderung von Stärken auch in Situationen des Mangels zu realisieren, bedarf es zunächst einer gesteigerten Sensibilität für vorhandene, aber evtl. verschüttete und verborgene Potentiale und Ressourcen sowohl bei Subjekten wie auch in (sozialen) Gemeinschaften bzw. Gemeinwesen. Auch Coping – Strategien zählen zu den Ressourcen. Diese Bewältigungsressourcen können zum Ausgangspunkt für

---

[146] vgl. ebenda
[147] zit. Herriger, 2002: Seite 71

Empowermentprozesse werden. Daraus ergibt sich die Unerlässlichkeit der Ressourcenorientierung für Empowerment.[148]

Das Empowermentkonzept fußt somit auf grundlegenden normativ ethischen Überzeugungen. In ihnen verbinden sich der Respekt vor der Autonomie der Lebensgestaltung der KlientInnen, das Engagement für soziale Gerechtigkeit und den Abbau von Formen sozialer Unterschiede sowie die Ausrichtung an einer Förderung von (basis-) demokratischen Partizipationsrechten miteinander.[149]

5.2.3   Ebenen der Empowermentpraxis

In der Praxis werden vier Ebenen der Empowermentarbeit unterschieden. Als Ebenen des Empowermentprozesses werden zwar die Individualebene, die Gruppenebene, die institutionelle Ebene oder die Ebene von Organisationen und die Gemeindeebene oder die strukturelle Ebene genannt, der eigentliche Sinn des Empowerment erschließt sich aber erst in der Verknüpfung dieser vier Ebenen zu einem übergreifenden Handlungskonzept. Für die einzelnen Ebenen lassen sich die folgenden Arbeitsinhalte differenzieren.[150]

Die Individualebene

In der Arbeit mit einzelnen Personen stehen die Interaktionsmedien Beratung, Unterstützung und Begleitung im Vordergrund. Das Ziel dieser Arbeit formuliert Herriger so: „Der Kontakt zwischen Sozialarbeiter und Klient hat das Ziel, Hilfestellungen zu vermitteln, vermittels derer der Betroffene aus seiner Situation der Machtlosigkeit, Resignation und Demoralisierung heraus das Leben wieder in die eigenen Hände zu nehmen vermag, Vertrauen in das eigene Vermögen zur Lebens- und Umweltgestaltung gewinnt, verschüttete Kraftquellen von Kompetenz und Vermögen entdeckt und zur Gestaltung relevanter Lebensausschnitte einsetzt". Das besondere am Empowermentkonzept ist dabei der Blick in die Zukunft. Der Blick auf die Vergangenheit wird auf Kompetenzerlebnisse fokussiert und nicht auf Verletzungen und Konflikte. Es geht also um die Planung einer gelingenderen Zukunft durch die KlientInnen selbst ohne Anpassungsdruck von Seite der Professionellen.[151] Und dies auch noch unter Ausschluss von intensiver Konfliktbearbeitung. Die nächste Phase ist dann die Erprobung und konkrete Umsetzung des Geplanten. Dazu ist oft Begleitung und Unterstützung nötig, wozu Ziele

---

[148] vgl. Galuske, 2001: Seite 265
[149] vgl. Herriger in: Deutscher Verein für öffentliche und private Fürsorge, 2002: Seite 262 und 263
[150] vgl. Herriger in: Stimmer, 2000: Seite 53
[151] vgl. Stimmer, 2000: Seite 53

und Teilziele des Klienten und die Abfolge der einzelnen Schritte zu vereinbaren sind und im Sinne des Empowerment Ressourcen in der Lebenswelt des Klienten zu eruieren, zu aktivieren und zu nutzen sind, um in Zeiten der Belastung eine schnelle und hilfreiche Entlastung, mit oder auch ohne professionelle Hilfe zu ermöglichen.[152]

Die Gruppenebene

Die Empowermentarbeit mit Gruppen ist Förderung der Gemeinschaftsarbeit (lebensweltliche Netzwerke, Selbsthilfegruppen, Bürgerinitiativen). Die Praxis der Sozialen Arbeit ist hier darauf bezogen, Menschen miteinander in Verbindung zu bringen und sie beim Aufbau und der Gestaltung von Netzwerken zu unterstützen. Dies wird als Arrangieren und Animieren bezeichnet. In der Sozialen Arbeit geht es darum, Situationen herzustellen (Arrangieren) oder, dem Empowerment gemäß, Menschen bei der Herstellung dieser Situationen behilflich zu sein, in denen sie sich selbst organisieren können und eine autonome Lebensgestaltung möglich wird und zwar unter Nutzung der jeweiligen Gruppenressourcen. Darüber hinaus ist es aber auch nötig, Noch – Nicht – Nutzer zu bewegen, sie zu animieren, diese Chancen mit Hilfe der Professionellen durch entsprechende Vermittlung und durch die Nutzer selbst (Öffentlichkeitsarbeit) wahrzunehmen.

Es werden zwei nützliche Verfahren auf der Gruppenebene genannt, die „Netzwerkanreicherung" und die „Netzwerkförderung". Durch das erstgenannte Verfahren sollen Lockerungen und Risse in primären Netzwerken (Familie, Verwandtschaft, Freundschaft, Nachbarschaft) „gekittet" werden und deren stützende Funktion wiederbelebt werden, um vorhandene Möglichkeiten nutzen zu können.[153] Die Netzwerkförderung ist dagegen auf die Entwicklung neuer sozialer Zusammenhänge gerichtet, eine Aufgabe, die gerade bei nicht mehr oder noch nie tragfähigen oder nicht mehr restaurierbaren primären Netzwerken von Bedeutung wird. Hier geht es um die Initiierung von Selbsthilfegruppen, um Starthilfe und Unterstützung und Beratung in kritischen Situationen der Gruppenentwicklung und um die Koordination von Selbsthilfegruppen in einer Gemeinde bzw. um die Förderung der Kooperationsbemühungen der Gruppen untereinander, wie dies in allen gemeindenahen Ansätzen als Aufgaben formuliert wird.[154]

---

[152] vgl. ebenda: Seite 54
[153] vgl. Stimmer, 2000: Seite 54
[154] vgl. ebenda: Seite 55

Die institutionelle Ebene

Empowerment auf der institutionellen Ebene zielt auf aktive BürgerInnenbeteiligung bei den Entscheidungen und der Durchführung der Programme der Dienstleistungsunternehmen und der Verbände, also stichpunktartig auf Partizipation, AdressatInnenbeteiligung und KundInnenorientierung, wie die aktuellen Begriffe heute heißen. BürgerInnen sind dann nicht mehr undurchschaubaren Entscheidungen der Administration ausgeliefert, sondern werden als Betroffene zu Beteiligten mit Entscheidungsbefugnis. Die sogenannten Bürgerbeiräte üben dann auf der Leitungsebene von Institutionen Planungs- und Kontrollfunktion aus. Voraussetzung für ein konstruktives Funktionieren einer solchen Zusammenarbeit ist ein radikales Umdenken auf Seiten der Institutionen sowie auf Seiten der betroffenen BürgerInnen. Die Institutionen, deren Strukturen sich über Jahrzehnte hin verfestigt haben, müssen sich für BürgerInnenbelange verständigungsorientiert öffnen; BürgerInnen müssen selbstbewusst diese Chancen wahrnehmen. Empowerment ist das Mittel der Wahl, diese Veränderungsprozesse begleitend zu bewirken.[155] Um nicht immer von vorne beginnen zu müssen, ist die Voraussetzung dafür allerdings die „Etablierung von Verfahren formaler Beteiligung, die sachverständigen BürgerInnen ein Mandat im Prozess der Planung, Gestaltung und Implementation von sozialen Dienstleistungen geben. Sachverständige sind vor allem die direkt betroffenen Menschen selbst, wobei aber auch die Beteiligung weiterer aktiv – interessierter BürgerInnen ganz im Sinne der Empowerment – Idee ist".[156]

Die Gemeindeebene (auch strukturelle Ebene)

wird als eine Wiederbelebung der Idee der Gemeinwesenarbeit verstanden – sie zielt auf die Schaffung eines förderlichen lokalen Klimas für die Selbstorganisation und Partizipation von BürgerInnen. Dies erfordert eine Politik, die in diese Richtung denkt und handelt, und es setzt den Willen zu einer gleichberechtigten Kooperation von VertreterInnen unterschiedlicher Verbände, Behörden und der Lokalpolitik mit engagierten BürgerInnen voraus.[157] die Entwicklung von Verfahren einer formalen demokratischen Mitwirkung (Bürgerbeiräte, Ausschüsse des Stadtrates, BürgerInnenparlamente usw.), die sachverständigen BürgernInnen ein Mandat im Prozess der Planung, der Gestaltung und der Implementation von politischen Entscheidungen und sozialen Dienstleistungen sichern, sie in die Rolle von ExpertInnen in eigener Sache einsetzen und ihren Wün-

---

[155] vgl. Stimmer, 2000: Seite 55
[156] vgl. ebenda: Seite 56
[157] vgl. ebenda: Seite 56

schen nach Teilhabe und eigenverantwortlicher Gestaltung der sozialräumlichen Umwelt Rechnung tragen.[158]

5.2.4 Zielstationen

Empowerment umfasst Veränderungen sowohl der Selbsterfahrung der Person als auch der objektiven Lebenswirklichkeit.[159] Es gibt also zwei Zielzustände gelingender Empowermentprozesse: *psychologisches* und *politisches Empowerment.* Diese Unterscheidung ist wichtig: *Psychologisches Empowerment* kann definiert werden als ein Gefühl erweiterter Kontrolle über das eigene Leben, *Politisches Empowerment* umfasst eine Komponente der aktiven Teilnahme an politischer Aktion und die Umverteilung von Ressourcen bzw. die aktive Einflussnahme auf Prozesse der politischen Entscheidungsfindung.

Psychologisches Empowerment untersucht die individuellen Konstanten der Reisen in die Stärke. In den Mittelpunkt der Aufmerksamkeit treten hier die individuellen Auswirkungen von Empowermenterfahrungen; die Veränderungen in der psychischen Ausstattung der Menschen. Diese Veränderungen sind in der Literatur in unterschiedliche Begrifflichkeiten gefasst worden. Gemeinsam ist diesen das Bild des Schutzschildes; Menschen – an den Endstationen mutmachender Reisen in die Stärken angekommen – erwerben das Schutzschild einer spezifischen seelischen Widerstandsfähigkeit, das es ihnen in ihrer weiteren Biografie möglich macht, die Bedrohungen und Gefährdungen erneuter Hilflosigkeit abzuwehren. Diese Muster von seelischer Widerstandsfähigkeit können auf drei Ebenen konkreter gefasst werden: auf der Ebene der selbstbezogenen Kognitionen und der Selbstwerterfahrung, auf der Ebene der Kompetenzausstattung und auf der Ebene der Handlungsmotivation.

Politisches Empowerment geht über die Ebene der Selbstveränderung hinaus. Das Endprodukt von Empowermentprozessen wird hier u.a. zwar auch in Konstanten personaler Veränderung abgebildet (Zugewinn an Kontrollüberzeugungen und Kompetenzen in der Auseinandersetzung mit der sozialen und politischen Umwelt). Die Untersuchungen zum Thema „politisches Empowerment" messen die Auswirkungen von Empowerment aber zusätzlich auch in Begriffen der Sozialveränderung. In den Mittelpunkt rücken hier die im öffentlichen Raum sichtbaren und in handfesten Veränderungen der Lebenswelt messbaren Effekte des sozialen Engagements: die (durchaus strittigen und konflikthaften) Aktionen bürgerlicher Einmischung, das öffentliche Eintreten der Bür-

---

[158] vgl. Herriger in: Deutscher Verein für öffentliche und private Fürsorge, 2002: Seite 262 und 263
[159] vgl. Herriger, 2002: Seite 167

gerInnen für eine Teilhabe an Prozessen der politischen Willensbildung, ihre in solidarischer Gemeinschaft gestärkte Fähigkeit, eine aktive Rolle in der lokalräumlichen Umwelt zu spielen und ein Mehr an Verteilungsgerechtigkeit zu erstreiten.[160]

5.2.5 Politisches Empowerment als Politische Partizipation und Umweltgestaltung

Der Begriff des „politischen Empowerment" erinnert an die Traditionslinie der Bürgerschaftsbewegung und des zivilen Engagements. In seinem Zentrum steht ein Verständnis, nach dem die Erfahrung eigener Stärke aus der Kraft des Plurals entsteht, also aus solidarischer Vernetzung und Selbstorganisation in sozialer Aktion. Das Konzept des politischen Empowerment misst gelingende Prozesse der Selbstbefreiung folgerichtig nicht (allein) am Zugewinn von „personal power" und Alltagskontrolle (Empowerment als Selbstveränderung). Erfolgskriterium ist hier vielmehr ein sichtbarer Auszug der Person aus dem Schneckenhaus des sozialen Rückzugs, ihre Verknüpfung mit Menschen mit vergleichbaren Anliegen und die Entwicklung eines strittigen tätigen Gemeinsinns.

Politisches Empowerment umfasst dabei stets zwei Elemente. Dies sind: 1. der Erwerb einer „partizipatorischen Kompetenz", d.h. eines Bündels von handlungsleitenden Wissensbeständen, Motivationen und Strategien der sozialen Einmischung; und 2. der Aufbau von Solidargemeinschaften und die Einforderung von Teilhabe und Mitverantwortung in der (lokal-) politischen Öffentlichkeit.

Politisches Empowerment realisiert sich so in Prozessen der Selbstveränderung (Erweiterung der Vorräte personaler Kompetenzen zur Gestaltung von Lebenswelt und Umwelt) wie auch in Prozessen der Sozialveränderung. Sie ist erst dort erstritten, wo Menschen gemeinsam mit anderen zu kritischen Akteuren in der lokalen bürgerschaftlichen Öffentlichkeit werden und durch kollektiven Widerstand und kritische Aktion in „Sphären der Gerechtigkeit" eintreten.[161] Empowerment kann betrachtet werden als Erwerb eines überdauernden Sets von Verpflichtungen und Fähigkeiten, die als *partizipatorische Kompetenz* zusammengefasst werden können. Dieser Zustand umfasst drei zentrale, einander überschneidende Aspekte oder Dimensionen:

1. die Entwicklung eines positiv gefärbten Selbstkonzeptes und das Gefühl von Eigenkompetenz,

---

[160] vgl. Herriger, 2002: Seite 169 und Seite 268
[161] vgl. Herriger, 2002: Seite 184

2. die Konstruktion eines kritischen und analytischen Verständnisses der umgebenden sozialen und politischen Umwelt und

3. die Entwicklung und die Kultivierung von individuellen und kollektiven Ressourcen für soziale und politische Aktion.

Betont sei, dass diese Elemente erst in ihrer Verknüpfung das ausmachen, was „sozialpolitische Kompetenz" genannt wird.

Ein Endzustand von Empowerment umfasst also den Erwerb von Kompetenzen in allen drei Bereichen, die unerlässliche Grundlagen von partizipatorischer Fähigkeit sind. Partizipatorische Kompetenz umfasst somit die Kombination von Einstellungen, Wissen und Fähigkeiten, die notwendig ist, um eine bewusste und positiv bewertete Rolle in der sozialen Konstruktion des eigenen politischen Umfeldes zu spielen.[162] Selbstorganisiertes Engagement produziert somit nicht nur veränderte Muster von Selbstwahrnehmung und umweltbezogener Kontrollerwartung (psychologisches Empowerment), sondern zugleich ein neues Kapital von kommunikativen und interaktiven Kompetenzen, das in der Abkehr von Positionen der Unterlegenheit und der Fremdbestimmung einen klaren Gewinn erbringt. Stehen am Anfang der Teilhabe und des Mitmachens an Selbsthilfe nahezu ausschließlich selbstbezogene Motive und Zielsetzungen, so vollzieht sich mit der Dauer des Engagements und mit den ersten kleinen Siegen der solidarischen Aktionen eine oft unmerkliche, in ihren überproportionalen Effekten aber doch eindeutige Verschiebung der Ansprüche und Arbeitsorientierungen zugunsten außenorientierter Zielsetzungen. An die Stelle des Eigennutzes tritt das Engagement für andere.[163]

Es wurde festgestellt, dass in den entwickelten und gefestigten Phasen der Selbsthilfearbeit bei ca. 40% der Beteiligten außenorientierte (d.h. auf Umweltgestaltung und Sozialveränderung gerichtete) Zielsetzungen in den Vordergrund treten. Dies sind u. a.: die Interessenvertretung nach außen (soziale Einmischung in relevanten Ausschüssen, Gremien, Arbeitskreisen; Lobbyarbeit und der Aufbau hilfreicher Allianzen mit „Ressource – Personen" im Feld der lokalen Politik und Verwaltung). Selbsthilfegruppen, Bürgerinitiativen und inszenierte Gemeinschaften sind Experimentierfelder für das Eintreten in ein „Leben mit Fähigkeiten". Sie sind wirksames kollektives Gegengift gegen erlernte Hilflosigkeit und Ressourcen der Kraft für eine interessengeleitete produktive Umweltgestaltung. Es besteht eine eindeutiger Zusammenhang zwischen bürgerschaftlichem Engagement auf der einen und der Erfahrung personaler und kollektiver Stärke auf der anderen Seite. Das aktive Handeln in der Gemeinschaft und die Teilnahme an

---

[162] vgl. ebenda: Seite 185
[163] vgl. Herriger, 2002: Seite 186

sozialer Aktion auf der Ebene der Gemeinde sind danach Katalysatoren der Erfahrung von Stärke und Gestaltungsvermögen. Die Einbindung des einzelnen in eine sorgende Gemeinschaft stiftet ein kritisches Bewusstsein der sozialen und politischen Umwelt, sie eröffnet neue Erfahrungen des eigenen und des Kollektiven Kontrollvermögens und schafft Rückhalt und Unterstützung auch in Niederlagen. Konkret bedeutet dies:[164]

- Menschen, die sich einmischen und gemeinsam mit anderen zu Aktivposten in der Gestaltung lokaler Lebensverhältnisse werden, gewinnen ein geschärftes, kritisch – analytisches Verständnis der sozialen und politischen Verhältnisse und ein gebrauchsfähiges Wissen um hilfreiche Ressourcen, Allianzen und Strategien der Meinungsmobilisierung,

- sie gewinnen positive Selbstwerterfahrungen und entwickeln ein gestärktes Vertrauen in das individuelle und kollektive Vermögen, relevante Ausschnitte der Lebenswelt „in eigener Regie" gestalten und Einfluss auf die Steuerung von kommunalpolitischen Prozessen der Willensbildung und Entscheidungsfindung nehmen zu können,

- sie dokumentieren in hohem Maße die Bereitschaft, sich jenseits der Grenzen von Eigennutz und partikularen Interessen auf öffentliche Anliegen und Aufgaben einzulassen, sich einzumischen und für ein gemeinsames öffentliches Gut zu streiten,

- sie erleben sich nicht zuletzt gestärkt durch das Aufgehobensein in sorgender Gemeinschaft mit anderen. Dokument dieser Stärkung ist eine signifikante Verbesserung des subjektiven Wohlbefindens im Hinblick auf Gesundheitsstatus, psychische Befindlichkeit und soziale Einbindung.

Die aufgefundene enge Korrelation zwischen bürgerschaftlichem Engagement und der Entwicklung einer politischen und personalen Kompetenz besteht unabhängig von demografischen Variablen (sozioökonomischer Status; Geschlecht; Alter; ethnische Zugehörigkeit). Ergänzende Forschungsbefunde legen jedoch die Vermutung nahe, dass gerade jene Personen, die am unteren Ende der Statushierarchie positioniert sind, in besonderem Maße von der kontrastierenden Erfahrung der Möglichkeit und der Wirksamkeit von Einmischung profitieren: sie erfahren – vielleicht zum ersten mal seit Jahren – die eigene Kraft aufgehoben in der Kraft der anderen und vermögen so, den Käfig erlernter Hilflosigkeit zu verlassen.[165] Die Einbindung in ehrenamtliche Helferorganisationen trägt erheblich dazu bei, die subjektive Kontrollerwartung zu erhöhen und Gefüh-

---

[164] vgl. ebenda: Seite 187
[165] vgl. Herriger, 2002: Seite 188

le der Entfremdung zu verringern. Politisches Empowerment umfasst folgende Bausteine:[166]

1. Die Dimension der umweltbezogenen Kognitionen

- Ein kritisch analytisches Verständnis der sozialen und politischen Zusammenhänge: das Wissen um hilfreiche Ressourcen; Allianzen und Strategien der Meinungsmobilisierung und der Interessendurchsetzung; die Antizipation von möglichen Widerständen und Interessenkollisionen.

- Der Glaube an die Gestaltbarkeit von politischen Strukturen: das Vertrauen in die Responsivität des lokalen administrativen und politischen Systems für bürgerschaftliche Interessen und begründete Veränderungsbemühungen.

- Das gefestigte Vertrauen in die eigene politische Kontrollkompetenz: Vertrauen in das kollektive Vermögen, relevante Ausschnitte der Lebenswelt aktiv gestalten und Einfluss auf die Steuerung von kommunalpolitischen Prozessen der Willensbildung und Entscheidungsfindung nehmen zu können.

2. Die Dimension der Handlungsmotivationen

- Die Reklamation von Selbstverantwortlichkeit für die Gestaltung der kleinen Lebenskreise.

- Der Wunsch nach sozialem Eingebundensein: das Bedürfnis nach einer (die Vereinzelung überwindenden) Verbundenheit mit anderen gleichartig Betroffenen.

- Die Selbstverpflichtung auf ein öffentliches soziales Gut: die Bereitschaft, sich jenseits der Grenzen von Eigennutz und partikularen Interessen auf öffentliche Anliegen und Aufgaben einzulassen, sich einzumischen und für ein gemeinsames öffentliches Gut zu streiten.

3. Die Dimension öffentlich wirksamer sozialer Aktion

- Das in kollektiver sozialer Aktion beglaubigte aktive Engagement des Einzelnen: bürgerschaftliches Engagement und die Übernahme von Verantwortung und Leitungsfunktionen in lokalen Netzwerken der Selbstorganisation.

- Das aktive Eintreten für eine Demokratisierung sozialer Lebensgüter auf der Bühne der lokalen Öffentlichkeit; das öffentliche Eintreten für ein Mehr an Verteilungsgerechtigkeit.

---

[166] vgl. ebenda: Seite 189

In diesen Dimensionen spiegelt sich ein optimistisches, kontextorientiertes Konzept von Empowerment. Menschen verlassen die ausgetretenen Pfade erlernter Hilflosigkeit. Sie gewinnen – gemeinsam mit anderen – Zuversicht, sie werden zu Aktivposten in der Gestaltung lokaler Lebensverhältnisse und gehen auf eine gemeinsame Reise in die Stärke, in deren Verlauf sie mehr und mehr zu einem Machtfaktor in der lokalen Öffentlichkeit werden und die lokale sozialpolitische Landschaft verändern.[167]

5.2.6 Selbsthilfe

Da das Mehrgenerationenhaus in Pattensen von bürgerlichem Engagement und Selbsthilfe lebt, wird hier nun auf die vorher schon mehrfach erwähnte Selbsthilfe eingegangen.

Selbsthilfe ist ein kritisches Gegenprogramm gegen eine zugleich wohlmeinende und entmündigende Staatsfürsorglichkeit, die in immer weiter beschleunigtem Tempo Leistungen und Sicherungen der Daseinsvorsorge aus den primären Netzen familiärerer, verwandtschaftlicher, genossenschaftlicher und nachbarschaftlicher Nähe ausgrenzt und sie auf die sekundären Systeme professionalisierter und organisierter Leistungsprogramme überträgt. Selbsthilfe ist die private, nicht marktliche und nicht entgeltliche Produktion und Konsumtion von Gütern und Diensten in der Gemeinschaft von Menschen in gleiche Lage. Sie ist der Versuch von Menschen, in solidarischer Eigenleistung ein Netz sozialer Unterstützung zu errichten, neue Formen der Bewältigung von Lebensproblemen zu erproben und sich Ressourcen von Eigenverfügung und Gestaltungsmacht (wieder) anzueignen. Selbsthilfezusammenschlüsse werden in der Regel aus der Not geboren. Sie richten sich in jenen Nischen der Lebenswelt ein, die von einer verberuflichten Fürsorglichkeit nicht erreicht werden, bzw. als komplementärer, das professionelle Sozialsystem ergänzender Dienstleistungssektor. Sie erfüllen zum einen Hilfebedürfnisse, die im verwalteten Dienstleistungsapparat der Öffentlichen Hand, der Verbände und Versicherungsträger nicht oder nur unzureichend berücksichtigt werden: die Bedürfnisse nach wechselseitiger Hilfestellung und emotionaler Unterstützung, nach Eigenbewältigung von belastenden Lebenssituationen und nach Wiederaneignung von Alltagskompetenzen. Sie sind zum anderen das kritische Korrektiv einer anbieterorientierten Dienstleistungsproduktion – solidarische Orte der Selbstverständigung, in denen Menschen den Mut schöpfen, die eigenen Anliegen, Interessen, Zukunftsphantasien zu

---

[167] vgl. Herriger, 2002: Seite 190

entdecken und ihre Forderungen nach Mitgestaltung, Partizipation und Einmischung durchzusetzen.[168]

Die Arbeit von Selbsthilfezusammenschlüssen lässt sich durch die Kombination folgender Elemente charakterisieren:

- *Die Betonung der Betroffenenperspektive*: die Akzentuierung der lebensweltlichen Wissensbestände, Situationsdefinitionen und krisenbezogenen Bearbeitungsstrategien der Menschen, die von einem Lebensproblem betroffen sind und durch diese Betroffenheit zu „Experten in eigener Sache" geworden sind.

- *Die Initiierung von selbstorganisierten Hilfe- und Dienstleistungen*: die gemeinschaftliche Erstellung von Sozialprodukten praktischer und kommunikativer Natur (handfeste instrumentelle Lebenshilfen; Information; emotionale Unterstützung; Ich – stärkende und identitätsbeglaubigende Rückmeldungen der anderen), die durch das professionelle Sozialsystem nicht oder nur unvollständig erbracht werden (können); das Zusammenfallen von Produktion und Konsumtion dieser Hilfe- und Dienstleistungen im gleichberechtigten wechselseitigen Austausch.

- *Die Inszenierung von sozialer Nähe und Gemeinschaft:* die Erfüllung von psychosozialen Grundbedürfnissen, vor allem Isolationsaufhebung, Kommunikation und Geborgenheit, d.h. die Produktion von emotionalen Leistungen, die weder in den Zusammenhängen primärer sozialer Netzwerke noch in der affektneutral strukturierten Dienstleistungsproduktion hergestellt werden können.

- *Die Einübung der Betroffenen in die Rolle von kritischen Konsumenten sozialer Dienstleistungen:* die gemeinschaftliche Erstellung eines Wissens- und Erfahrungspools, auf den die Mitglieder zurückgreifen können, um informiert und zielgerichtet Leistungen aus dem Angebot des professionellen Sozialsystems auswählen zu können und die Machtungleichheitsrelation der institutionellen Interaktion zumindest ein Stück weit zu korrigieren; die Einforderung von institutionalisierten Verfahren der Konsumenten – Mitbestimmung in der Gestaltung von sozialen Dienstleistungen.

- *Die Ausübung eines sozialpolitisch relevanten Einflusses:* eine authentische Bedürfnisartikulation und Interessenvertretung nach außen; die Einforderung von Partizipationsrechten in der Arena der politischen Entscheidung und der praktischen Implementation von Dienstleistungsprogrammen.

---

[168] vgl. Herriger, 2002: Seite 27

Selbsthilfegruppen erfüllen vielfach eine ergänzende Funktion für die institutionalisierte professionelle Versorgung. Sie machen auf Mängel des professionellen Systems aufmerksam, indem sie es kritisieren und stellen eine authentische Interessenvertretung für alle von dem jeweiligen Problem Betroffene dar.[169] Erfolgreiche Interessenvertretung der Betroffenen bedeutet ein Gegengewicht zu der bisher überwiegend anbietergesteuerten Ausdehnung von Gesundheitsleistungen, die leicht an den Bedürfnissen der Betroffenen vorbeigeht. Selbsthilfegruppen erfüllen wie oben erwähnt zugleich psychosoziale Grundbedürfnisse, die außerhalb des Versorgungsanspruchs der professionellensozialen Dienste liegen.[170] „Bürgerinitiativen, Selbsthilfeprojekte, Nachbarschaftshilfe und ähnliche Formen selbstorganisierten freiwilligen Engagements können daher als Lern- und Entwicklungsfelder für psychologische Empowermentprozesse betrachtet werden".[171]

5.2.7 Anforderungen an die SozialarbeiterInnen

Aus den bisherigen Ausführungen ergeben sich Anforderungen und Aufgaben für die Professionellen (SozialarbeiterInnen) in der Empowermentpraxis. Hier werden diese zusammengetragen.[172]

Grundlegende Arbeitsbeziehung

Die psychosoziale Praxis, die auf das Potential von Vertrauen in die Stärken ihrer AdressatInnen aufbaut, verabschiedet sich von der Macht des Experten. Grundlagen allen pädagogischen Handelns sind: die Anerkennung der Gleichberechtigung von professionellem / professioneller HelferIn und KlientIn, also das Herstellen einer symmetrischen Beziehung in der Arbeit miteinander, die auf fürsorgliches Bevormunden verzichtet, die Verantwortung für das Gelingen der Zusammenarbeit gleichmäßig auf beide verteilt und eine Atmosphäre des partnerschaftlichen Aushandelns beinhaltet. Die Umsetzung einer solchen partnerschaftlichen Arbeit ist mit speziellen Bedingungen verbunden. Hierzu zählen unter anderem: die Einführung einer systematischen Kompetenzdiagnostik; die sensible Diagnose lebensgeschichtlich verankerter Stärken und Ressourcen auf Seiten der KlientInnen; die vertragliche Regelung von Hilfebeziehungen; die Formulierung von ausgearbeiteten Hilfe- und Behandlungsverträgen, in denen die auf den Hilfeprozess bezogenen Ziele, Verfahren, Zeitperspektiven und Verantwortlichkeiten wechselseitig verpflichtend niedergeschrieben sind; das unveräußerliche Wahl-

---

[169] vgl. Herriger, 2002: Seite 28
[170] vgl. Herriger, 2002: Seite 29
[171] zit. Stark 1996 in: Galuske, 2001: Seite 266
[172] vgl. Herriger in: Deutscher Verein für öffentliche und private Fürsorge, 2002: Seite 262 und 263

recht der KlientInnen; die Achtung der Eigenentscheidungen und der Selbstverantwort-lichkeiten der AdressatInnen im Hinblick auf die Nutzung des sozialen Dienstleistungs-angebotes wie auch im Hinblick auf die von ihnen markierten Grenzen der pädagogi-schen Zuständigkeit.

Mit diesem neuen Verständnis von Zusammenarbeit zwischen SozialarbeiterIn und KlientIn wandelt sich die professionelle Identität in der Sozialen Arbeit. Sie ist unter den Gesichtspunkten des Empowerment nicht mehr ausschließlich Bereitstellung von Dienstleistungen oder parteiliches Einsetzen für KlientInneninteressen. Stattdessen wird sie zu einer einfühlsamen und fördernden Lebenswegbegleitung, die Menschen in Zei-ten der Lebensveränderung ermutigt und unterstützt und ihnen strukturelles Rückgrat für individuelle und kollektive Prozesse der Selbstbefreiung ist.[173]

Aufgaben

Selbsthilfeförderung ist ein schwieriges Geschäft. Sie erfordert eine Fachlichkeit, die sich von den Professionalitätsprofilen in anderen Handlungsfeldern der Sozialen Arbeit deutlich unterscheidet. Sie ist in den Begriff der Mentorenschaft gefasst worden, die korrespondierende Rolle des beruflichen Unterstützers in den Begriff des Mentors und kundigen Ratgebers. Der MentorIn ist Ermutiger dort, wo er durch Präsenz, geduldiges Zuhören und Mitarbeit den Rücken, Mut und Selbstvertrauen stärkt. Er ist Reflexions-spiegel dort, wo Gruppenprozesse nach innen und Aktionsprogramme nach außen in Sackgassen laufen und ein neutraler Blick neue Perspektiven zu eröffnen vermag. Er ist kundiger Ratgeber dort, wo er (auf Abruf) seine professionelle Expertise in konzeptuel-len, organisatorischen und rechtlichen Fragestellungen, in Fragen der schwierigen, nur allzu oft konfliktbelasteten Beziehungsarbeit, in Fragen der Strategieplanung und Akti-onsgestaltung bereitstellt. Und er ist strategischer Bündnispartner dort, wo er in der lo-kalen politischen und administrativen Welt die Türen zu Entscheidungsträgern und Schlüsselpersonen aufstößt, die der Gruppe bislang verschlossen waren, strategische Allianzen vorbereitet und so die Politikfähigkeit der selbstorganisierten Gemeinschaft stärkt. In allen diesen Teilrollen folgt der Mentor einer methodischen Richtschnur, die wie folgt beschrieben werden kann: Offenheit und methodische Flexibilität, die sich in der Bereitschaft zum Neulernen, zur flexiblen Anpassung an gruppen- und situations-spezifische Notwendigkeiten, zum Experimentieren mit noch ungeübten und neuen Formen der Unterstützung niederschlägt; die Selbstbegrenzung der Expertenschaft; eine beständige kritische Infragestellung der eigenen Haltung und der darin oft versteckten

---

[173] vgl. Herriger in: Deutscher Verein für öffentliche und private Fürsorge, 2002: Seite 262 und 263

Züge von Bevormundung und stiller Entmutigung.[174] Es erfordert ein Umlernen, den Blick von den Unfertigkeiten und Defiziten von Menschen auf ihre Selbstverfügungskräfte zu richten.[175] Ein Zuviel an Anleitung, Einmischung und wohlmeinender, aber letztendlich doch bevormundender Intervention sind Signale eines stillen Misstrauens in die (Selbst-) Organisationsfähigkeiten der Menschen. Misstrauen und produktive Selbsthilfeförderung aber schließen einander aus. Grundlage der Unterstützungsarbeit muss vielmehr ein grundlegendes Vertrauen in die Fähigkeit von Menschen sein, in Prozessen kollektiver Selbstorganisation zu autonomen Regisseuren der eigenen Lebensgeschichte zu werden. Selbsthilfeförderung erfordert ein verändertes Repertoire von Handlungsinstrumenten und betritt oftmals methodisches Neuland. Vernetzung und sozialpolitische Einmischung tritt an die Stelle der sozialen Einzelfallhilfe. „Gefragt ist ein Helfertypus, der seine Rolle auf Gegenseitigkeit, Gleichgestelltheit und Entfaltung von Selbsthilfepotentialen hin verändert hat und darüber hinaus das Prinzip des sich überflüssig machens als Ziel und Weg seiner Arbeit ansieht. Die damit einhergehenden Verordnungen lauten folgerichtig: reaktiv statt aktiv zu sein, sich zurückhalten, nicht zu führen".[176] Das Empowermentprogramm ist eine offene Einladung zur Entwicklung einer neuen Kultur des Helfens, die die Autonomie der Lebenspraxis und der Lebensentscheidungen der AdressatInnen Sozialer Arbeit anerkennt und zukunftsoffene Prozesse des Erkundens, des Entdeckens und des sich veränderns anstößt. Grundlage allen Empowermenthandelns ist die Anerkennung der Gleichberechtigung von Professionellen und KlientIn, die Konstruktion einer symmetrischen Arbeitsbeziehung also, die auf Formen einer wohlmeinenden pateranalistischen Bevormundung verzichtet, die Verantwortung für den Arbeitskontrakt gleichverteilt und sich auf einen Beziehungsmodus der partnerschaftlichen Verständigung einlässt. Eine solche Zusammenarbeit erfordert auf der Seite des beruflichen Helfers, der mit der Verantwortung eines Unterstützers betraut worden ist, dauerhafte Erreichbarkeit, Reziprozität, Engagement und eine akute Responsivität für die Wahrnehmungen und subjektiven Erfahrungswirklichkeiten des Klienten. Das wichtigste an authentischer Zusammenarbeit ist eine beständige Reziprozität von Bemühen, Ideen, Ressourcen und – wohl am wichtigsten – Respekt. Beide Seiten sind Verbündete in einem zukunftsoffenen Prozess wechselseitigen Lernens und sich veränderns. Die so beschriebene kooperative Arbeitsbeziehung ist Grundlage aller Empowermentpraxis. Empowermentarbeit ist facettenreich, bunt, vielgestaltig, offen für

---

[174] vgl. Herriger, 2002: Seite 142
[175] vgl. Herriger, 2002: Seite 143
[176] vgl. Herriger, 2002: Seite 144

jede individuelle Ausformungen, Akzentuierungen und Schwerpunktsetzungen. Es kann in vier verschiedene professionelle Profile von Empowerment mit je unterschiedlichen Schwerpunkten unterteilt werden:[177]

- *Biografiearbeiter:* Ein erstes Verständnis von Empowerment ist tradierten Konzepten der sozialen Einzelhilfe und der Beratung verwandt. Der Akzent liegt hier auf der Stärkung von Selbstwert, Identität und Selbstbewusstsein.

- *Wegbereiter:* Ein zweites Verständnis von Empowerment beschreibt die Rolle des professionellen Helfers als die eines Wegbereiters, der Auswege aus erlernter Hilflosigkeit aufzeigt und Hindernisse auf diesem Weg ausräumt.

- *Politischer Aktivist:* Ein drittes Verständnis von Empowerment rückt die Mobilisierung von in gleichartiger Weise betroffenen Menschen in das Zentrum der Aufmerksamkeit.

- *Sozialreformer:* Das Konzept von Demokratie und seine alltägliche Verwirklichung durch soziale und politische Institutionen ist gegründet auf dem Prinzip, die Bürger in einer solchen Weise zu bemächtigen, dass sie teilhaben an Entscheidungen, die ihr Wohlbefinden beeinflussen. Das Prinzip Bürgerbeteiligung ist der Grundpfeiler dieses letzten Verständnisses von Empowerment. Empowermentprozesse zielen auf die Stärkung der Teilhabe der Bürger an Entscheidungsprozessen, die ihre personale Lebensgestaltung und ihre unmittelbare soziale Lebenswelt betreffen.[178]

Empowermentarbeit ist eine Arbeit in vielen Rollen und Rollenwechseln. Nicht Festlegung und Methodenfixierung, sondern Flexibilität, Experimentierfreude und Offenheit gegenüber unterschiedlichen methodischen Teilstücken und Interventionsverfahren kennzeichnen diese Arbeit. Den Professionellen werden verschiedene Rollen zugeschrieben, die sich zum Teil durch deren Namen erklären: LebensweltanalytikerIn, kritische LebensinterpretIn, NetzwerkerIn und RessourcenmobilisiererIn, intermediärer BrückenbauerIn, NormalisierungsarbeiterIn, Organisations- und SystementwicklerIn.[179] Eine Empowermentpraxis hat viele Gesichter; sie realisiert sich in vielen Rollen. Diese Arbeit kann aber nur gelingen, wenn alle beteiligten Akteure, professionelle HelferInnen und KlientInnen, ihre Beziehung als eine Beziehung wechselseitigen miteinander und voneinander Lernens und sich veränderns begreifen. Dies aber erfordert den Mut, offene, phantasievolle und eigensinnige, selten nur präzise zu kalkulierende Prozesse

---

[177] vgl. ebenda: Seite 209
[178] vgl. Herriger, 2002: Seite 212
[179] vgl. ebenda: Seite 213 bis 215

der Lebensveränderung anzustoßen und auch den Mut, Vertrauen zu sich und zu anderen zu haben.[180] „Die Schwierigkeit, einen Empowermentblickwinkel in die professionelle Arbeit zu integrieren, besteht vor allem darin, dass Empowermentprozesse zwar angestoßen werden können, der eigentliche Prozeß jedoch weitgehend ohne Zutun der beruflichen HelferInnen abläuft. Eine Haltung des Empowerment lässt sich daher nicht mit direkten Interventionen vergleichen...".[181] Schwerpunkt der Arbeit ist eher „die Inszenierung von hilfreichen Unterstützungsnetzwerken, soziale Arbeit wird `Netzwerkarbeit`".[182] Man kann hier unterscheiden zwischen fallorientierter Netzwerkarbeit und feldorientierter, wobei fallorientierte Netzwerkarbeit sich auf die Verknüpfung und (Wieder-) Herstellung von (Beziehungs-) Netzwerken zwischen Menschen mit vergleichbaren Schwierigkeiten bezieht. Dies kann z.B. das Herstellen von Verbindungen zu selbstorganisierten Gruppen sein. Feldorientierte Netzwerkarbeit kommt zum Tragen, wenn dem Problem entsprechende Unterstützungsnetzwerke auf der lokalen Ebene (noch) nicht vorhanden sind. Dies ist keine ungewöhnliche Situation, in der Soziale Arbeit die Aufgabe hat künstliche Netze ins Leben zu rufen, Interessenten und vermeintlich Aktive zusammen zu bringen und den neu entstandenen Selbsthilfegruppen die anfängliche organisatorische Schwierigkeiten zu beseitigen.[183] Stark beschreibt am Beispiel eines Selbsthilfezentrums die mögliche Praxis professionell unterstützter Empowermentprozesse in der Sozialen Arbeit: „Die Basis für eine gelingende Übernahme brückenbildender Funktionen liegt darin, die konkreten Arbeitsbereiche nicht auf eine Ebene zu beschränken, sondern parallel (a) beratende Dienstleistungen für ratsuchende Personen anzubieten, (b) gemeinschaftsbildende Prozesse der Selbstorganisation und gegenseitigen Unterstützung zu fördern, (c) diese Arbeit in einen sozialpolitischen Rahmen zu stellen, Kooperationsstrukturen mit den relevanten Institutionen zu erarbeiten, und auch dort Prozesse der Selbstorganisation im Sinne von Empowerment anzustoßen. Praktisch angewandt heißt dies: Angebote persönlicher und telefonischer Beratung bezüglich Selbstorganisationsmöglichkeiten, Überblick und Verknüpfung von vorhandenen Einrichtungen, Selbsthilfezentrum als „Informationsdrehscheibe und Wegweiser für das psychosoziale Versorgungsnetz in" der jeweiligen Stadt, Bereitstellung von sachlichen, logistischen und räumlichen Ressourcen für Gruppenaktivitäten; Organisations-

---

[180] vgl. ebenda: Seite 216
[181] zit. Stark, 1996 in: Galuske, 2001:Seite 266
[182] zit. Herriger, 1991 in: Galuske, 2001: ebenda
[183] vg. Herriger 1991 in Galuske, 2001: ebenda

und Finanzierungsberatung für Initiativen, Fortbildungsangebote für Selbsthilfeinitiativen usw.[184]

5.2.8   Chancen und Grenzen von Empowermentprozessen

Die Chancen einer gelingenden Empowermentarbeit sind die Wieder- bzw. Selbstbemächtigung von Menschen, ihre Aktivierung und Beteiligung u.a. bzw. im besten Falle an der Lokalpolitik. Auch die oben schon erwähnten Zielstationen gelingender Empowermentprozesse beschreiben deren Chancen. Grenzen sind Empowerment an verschiedenen Stellen gesetzt. Unter anderem liegt die Begrenztheit des Konzeptes in der Vernachlässigung der Lebenswelten der KlientInnen, zumindest wird dies im Konzept nicht erwähnt. Das heißt, die Betroffenen werden nicht in ihren Lebenszusammenhängen gesehen. Die subjektive Bewertung und das Empfinden ihrer Umwelt bzw. Lebensverhältnisse, Möglichkeiten und Unmöglichkeiten bleibt unberücksichtigt. Diese kann eine Verfügbarkeit oder einen Mangel an Ressourcen beinhalten, die den Verlauf der besonderen stressauslösenden Lebenssituation entscheidend beeinflusst.[185] Im Ressourcenkonzept wird der Klient als jemand gesehen, der den Alltag und dessen Anforderungen mit Hilfe seiner mehr oder weniger vorhandenen Kraftquellen zu bewältigen. Wie gut dies gelingt, hängt entscheidend von der Verfügbarkeit dieser Ressourcen ab.[186] Besonders wichtig sind hier auf der individuellen Ebene hohes Selbstwertgefühl, Problemkompetenz, Bewältigungsoptimismus und Kontrollüberzeugungen sowie auf der sozialen Ebene ein gesichertes Einkommen, sozioökonomischer Status, Einbindung in soziale Netzwerke, eine enge Bindung und emotionale sowie soziale Unterstützung.[187] Diese werden in gelingenden Empowermentprozessen entwickelt bzw. gefördert. Aus dem gesagten wird klar, dass Empowerment und Ressourcenorientierung verbunden werden sollten. Ressourcenorientierung legt den Fokus auf die Aufteilung, das Vorhandensein und die Konsistenz von persönlichen und gesellschaftlichen Kraftquellen. Beim Empowerment dagegen geht es eher um das Gefühl von Kontrolle und Herrschaft über sich und sein eigenes Leben.[188]

Die Verwirklichung von Empowerment in der Praxis der Sozialen Arbeit ist schwierig. Einer erfolgreichen Implementation stehen vielfältige Stolpersteine im Weg. Denn Empowerment lässt sich nicht immer ohne Probleme in vorgegebene und bewährte metho-

---

[184] zit. Galuske, 2001: Seite 267
[185] vgl. Pörtner, 2005a: Seite 3
[186] vgl. Pörtner, 2005a: Seite 2
[187] vgl. ebenda
[188] vgl. ebenda

dische Rezepturen und vorgegebene institutionelle Arrangements einpassen. Die im Arbeitsalltag eingespielten methodischen Routinen wie auch die festen Institutionensettings, in die der helfende Dialog eingespannt ist, schaffen Ecken und Kanten, an denen sich die Verwirklichung einer Empowermentpraxis stoßen kann. Widerstände können auf drei Ebenen liegen:[189]

1. die intrapersonalen Widerstände: Widerstände auf der Ebene der subjektiven Berufsidentität,

2. die Beziehungswiderstände: Widerstände auf der Ebene der Sozialarbeiter – Klient – Beziehung und

3. die institutionellen Widerstände: Widerstände auf der Ebene der institutionellen Anforderungen und Strukturen.

„Ich habe wiederholt die Erfahrung machen müssen, dass die Freiheit zur Selbstbestimmung, zu der Empowerment aufruft, sehr kalt und angsteinflößend sein kann. Gerade jene Klienten, die in oft jahrelangen Betreuungskarrieren gelernt haben, dass pädagogische Maßnahmen für sie und zu ihrem Wohl entwickelt werden, haben größte Schwierigkeiten, für sich selbst neue Richtungen und Lebensziele zu formulieren. Ihre Antwort auf die Ermutigung zur Selbstverantwortung ist dann vielfach eine ängstlich anklammernde Haltung, ein oft flehentlicher Appell an meine Zuständigkeit und an mein stellvertretendes Handeln als Experte, manchmal gar eine zornig enttäuschte Überreaktion. Empowermentarbeit, so kann man vielleicht sagen, muss ihren Appell an die Eigenregie des einzelnen in wohlabgewogene, kleine Portionen verpacken, um eine Überforderung der KlientInnen zu vermeiden". Die KlientInnen müssen langsam umlernen dürfen. Wichtig ist der Respekt des Eigensinns und der Zeit bzw. der Geschwindigkeit der KlientInnen. Die KlientInnen sollten nicht bevormundet werden, ihre Entscheidungen akzeptiert, auch wenn sie nicht mit den eigenen übereinstimmen, ihnen sollte nichts übergestülpt werden. Der Professionelle sollte seine Macht nicht missbrauchen, eine partnerschaftliche, diskursive Zusammenarbeit anstreben in der beide gleichberechtigt sind und gleichwertige Experten.[190] Dem Eigensinn und der Selbstbestimmung der AdressatInnen sind schließlich dort deutliche Grenzen gesetzt, wo die (physische, psychische oder soziale) Integrität anderer Personen gefährdet ist. Überall dort, wo Bedrohung, Einschüchterung, Erpressung oder offene Gewalt im Spiel ist, endet die Empowermentpraxis und mündet in die Notwendigkeit, Grenzen zu setzen, Übergriffe

---

[189] vgl. Herriger, 2002: Seite 193
[190] vgl. Herriger, 2002: Seite 198

abzuwehren und Schutzräume zu öffnen.[191] Dort wo Menschen anderen Leid zufügen, dort endet für mich die individuelle Selbstbestimmung und dort mündet meine Arbeit in ein – manchmal sogar lebensrettendes – kontrollierendes Eingreifen. Das gleiche gilt auch für die Fälle von Autodestruktion. Ich denke hier z.B. an Frauen, die sich selbst wiederholte Male schwere Verletzungen zugefügt haben. Auch hier ist es zwingend erforderlich, Grenzen zu setzen und in direkter Weise in die Spirale der Selbstzerstörung einzugreifen. Dies wird deutlich durch die schwierige Relation zwischen Empowerment und eingreifender sozialer Kontrolle. Sozialer Arbeit ist u.a. die Aufgabe aufgetragen, Kinder wie auch ältere Menschen in Situationen des Missbrauchs und der Vernachlässigung zu beschützen. Für die Ausübung dieser und anderer Funktionen legitimierter sozialer Kontrolle stehen professionelle Sanktionen zur Verfügung; und die Erfüllung dieser Funktionen setzt dem Prinzip der klientenseitigen Selbstbestimmung deutliche Grenzen. In Situationen, in denen soziale ArbeiterInnen legitimierterweise als Grenzen setzende Autorität einschreiten müssen, bedürfen sie der Zwangsmacht. In diesen Notfällen setzen sie der Selbstbestimmung der Klienten Grenzen, indem sie einschreiten, um solche Verhaltensweisen zu verhindern oder abzubrechen, die als antisozial definiert worden sind. Wir dürfen uns nicht vor unserer Verantwortung drücken, Menschen zu beschützen; aber ebenso wenig sollten wir diese Interventionsmacht über Gebühr ausschöpfen.[192] Anders stellt sich die Situation hingegen in solchen institutionellen Kontexten dar, die von einem grundlegenden Mandat zur Kontrolle des Adressaten, seines Handelns und seiner Lebensentwürfe durchzogen sind (z.B. die Straffälligenhilfe; die (stationäre) Wohnungslosenhilfe; die Jugendhilfe dort, wo sie mit sozial auffälligen Jugendlichen umzugehen hat u.a.m.). In diesen administrativen Umwelten, die hoheitliche Aufgaben der Kontrolle, Ordnungssicherung und Normalisierung zu erfüllen haben, verpflichten rechtliche Vorgaben die beruflichen Helfer auf eine eingeschränkte Normativität, die enge Toleranzgrenzen setzt und die sie, riskante Lebensmuster ihrer Klienten unter Kontrolle zu nehmen.[193] Ein weiterer institutioneller Stolperstein ist der hohe Zeit- und Ressourcenverbrauch einer Empowermentpraxis. Die langen Zeithorizonte der Fallbearbeitung und, daran gebunden, die Nichtkalkulierbarkeit der im Einzelfall notwendigen Arbeitsressourcen liegen quer zum Interesse der Institution an einer (im Hinblick auf die notwendigen Zeit- und Ressourceninvestitionen) „sparsamen" Fallerledigung. Die lange Zeitperspektive, die vielfach mit der Empower-

---

[191] vgl. ebenda: Seite 200
[192] vgl. Herriger, 2002: Seite 201
[193] vgl. ebenda: Seite 202

mentarbeit verbunden ist, und die Zeitrechnung der Institution sind nur schwer auf einen Nenner zu bringen. Hinzu kommt der institutionelle Zwang, Erfolge vorweisen zu müssen. Empowermentprozesse sind Prozesse mit ungewissem Ausgang; sie verlaufen nicht immer in den Bahnen linearen Fortschritts und verweigern sich vielfach dem Zwang zur Unmittelbarkeit von Erfolg.[194] Diese Erfolgsungewissheit, in deren Schatten sich eine wiederbemächtigende Unterstützung vollzieht, ist gerade in einer Zeit, in der die Soziale Arbeit zunehmend an betriebswirtschaftlichen Bewertungskriterien gemessen wird und in der sie ihr Handeln zunehmend auch an der Meßlatte vorzeigbarer Erfolge legitimieren muss, institutionell auf Dauer nur schwer aushaltbar. Erfolg ist meist Grundlage weiterer Förderung. Ein letzter Widerstand auf der institutionellen Ebene ist die Beharrungsmacht der Amtsroutine. Damit ist folgendes gemeint: wie in jeder Organisation, so verfestigt und verstetigt sich auch in sozialen Diensten mit der Zeit eine administrative Routine, die den einzelnen Mitarbeiter auf ein standardisiertes Repertoire von Methoden, Interventionsformen und Verwaltungsverfahren festlegt. Diese Institutionsroutine hat zum einen eine entlastende Funktion, zum anderen ist sie aber Gift für Prozesse des Empowerment.[195] Fehlende oder nicht ausreichende finanzielle Mittel sind auch Einschränkungen. Die Empowermentprozesse verlaufen unter Ausschluss von intensiver Konfliktbearbeitung. Die Institutionen, deren Strukturen sich über Jahrzehnte hin verfestigt haben, müssen sich für Bürgerbelange verständigungsorientiert öffnen. Die BürgerInnen müssen selbstbewusst diese Chancen wahrnehmen.[196] Das heißt KlientInnen müssen selbst aktiv werden und Hilfe einfordern. Die Frage ist, ob sie um diese Möglichkeit der Einmischung wissen und ob sie alle die Fähigkeiten dazu mitbringen. KlientInnen der Sozialen Arbeit sind doch meist minderausgestattet und oft nicht sehr selbstbewusst. „Die Schwierigkeit, einen Empowermentblickwinkel in die professionelle Arbeit zu integrieren, besteht vor allem darin, dass Empowermentprozesse zwar angestoßen werden können, der eigentliche Prozess jedoch weitgehend ohne Zutun der beruflichen HelferInnen abläuft. Eine Haltung des Empowerment lässt sich daher nicht mit direkten Interventionen vergleichen...".[197] Dies erfordert ein Umdenken aber auch ein loslassen. Aushalten in den Augen der anderen „nichts" zu tun oder nichts wesentlich anderes als die ehrenamtlichen Laien. Schwerpunkt der Arbeit ist eher „die Inszenierung von hilfreichen Unterstützungsnetzwerken, soziale Arbeit wird `Netzwerkar-

---

[194] vgl. ebenda: Seite 204
[195] vgl. Herriger, 2002: Seite 205
[196] vgl. Stimmer,2000: Seite 55
[197] zit. Stark, 1996 in: Galuske, 2001: Seite 266

beit'".[198] Die Diskussion der 1980er Jahre hat zu Recht darauf hingewiesen, dass (organisierte Gruppen-) Selbsthilfe nicht voraussetzungslos ist, sondern von den Betroffenen bestimmte Motivationslagen (Wille zur Teilhabe an Gruppen etc.) und Qualifikationen (etwa Sprach-, Kooperations- und Konfliktfähigkeit) verlangt. Was nun aber, wenn Klienten Sozialer Arbeit nicht zweifelsfrei über diese Qualifikationen verfügen? Im Lichte dieses Einwandes lässt sich etwa fragen, ob die oben zitierten Befunde der Forschung, dass Selbsthilfegruppen zu mehr Selbstbewusstsein und Gefühlen der Stärke führen, nicht auch ganz anders gedeutet werden können. Vielleicht handelt es sich hier gar nicht um Effekte der Teilhabe an Selbsthilfegruppen, sondern vielmehr um Voraussetzungen, welche die TeilnehmerInnen bereits mitbringen. Von Interesse wären jedenfalls Forschungen, die danach fragen, wer nicht an Selbsthilfeaktivitäten teilnimmt und welche Merkmale und Voraussetzungen TeilnehmerInnen und NichtteilnehmerInnen systematisch unterscheidet. Ein solcher Einwand, dass Selbsthilfe nicht voraussetzungslos ist, ändert nichts daran, an den Stärken der Klienten anzusetzen und Selbstorganisation bzw. Selbsthilfe strukturell und individuell zu fördern.[199]

Ein wesentliches Ziel der Sozialen Arbeit die „ressourcenmäßige Besserstellung von Individuen, Familien, gesellschaftlichen Gruppen (...)"[200] ist. Dabei geht es nicht nur um finanzielle oder materielle, sondern auch um soziale Ressourcen. Das Ermöglichen sozialer Teilnahme und Teilhabe aller Menschen ist eine bedeutende Aufgabe der Sozialen Arbeit. Soziale Arbeit wird tätig, wenn die Selbsthilfepotentiale der KlientInnen bzw. ihrer sozialen Netzwerke nicht mehr ausreichen, um die (Alltags-) Probleme angemessen in den Griff zu bekommen und Soziale Probleme entstehen.[201] Staub – Bernasconi[202] definiert soziale Probleme als qualitative wie quantitative Ausstattungsdefizite bzw. –überschüsse von Individuen und Systemen. Soziale Probleme entstehen dort, wo die Ressourcen fehlen. Es handelt sich hier um Probleme in der Ausstattung und des Austauschs von Ressourcen, der Verteilung von Macht sowie Asymmetrie im Hinblick auf die Ausbalancierung von Pflichten und Rechten gegenüber sich selbst und anderen.[203] „Ein soziales Problem ist ein unerwünschter gesellschaftlicher Zustand, der eine größere Anzahl von Gesellschaftsmitgliedern in ihrer Lebenssituation beeinträchtigt, öffentlich als veränderungsbedürftig definiert wird und zum Gegenstand von gegensteu-

---

[198] zit. Herriger, 1991 in: Galuske, 2001: Seite 266
[199] zit Galuske, 2001: Seite 267 und 268
[200] zit: Staub – Bernasconi, 1994 in: Heiner et al, 1994: Seite 62
[201] vgl. Galuske, 2001: Seite 38
[202] vgl. Staub – Bernasconi in: Schilling, 1997: Seite 258 bis 261
[203] vgl. Schilling, 1997: Seite 258 bis 261

ernd – korrigierenden Maßnahmen und Programmen wird".[204] Dies ist bei dem Problem der Vereinbarkeit von Beruf und Familie eindeutig gegeben.

Zusammenfassend lässt sich festhalten, dass Soziale Arbeit an den Möglichkeiten der Menschen ansetzt, was dem vorgestellten Empowermentkonzeptes entspricht. Der Fokus liegt hier auf der Förderung von Ressourcen der Selbstorganisation und des gemeinschaftlichen Handelns. Empowerment zielt auf eine Veränderung des Selbstverständnisses von HelferInnen und Hilfinstitutionen der Sozialen Arbeit. Ziel des Empowerment ist es, die Defizitorientierung durch eine Orientierung an den Möglichkeiten, Stärken und Kompetenzen der Individuen zu ersetzen. Ein weiterer Kernpunkt des Empowermentkonzeptes ist ein Perspektivenwechsel von der Einzelförderung zur Stärkung von Individuen in Gruppen sowie sozialen und politischen Kontexten. Für die Praxis der Sozialen Arbeit bedeutet dies eine Förderung sozialer Beziehungen und sozialer Netzwerke, die Unterstützung solidarischer Formen der Selbstorganisation ("Hilfe zur Selbsthilfe"). Durch die Kooperation von gleichen oder ähnlichen Problemen betroffenen Personen werden durch die Zusammenarbeit synergetische Effekte erzielt. In diesem Kapitel wurde auch deutlich, dass die in Kapitel 4.4 und Kapitel 4.5 beschriebenen Aufgaben der Sozialarbeiterin dem Arbeitsprinzip des Empowerment entsprichen. Sie versteht sich als Mobilisiererin, Wegbereiterin, Begleiterin und Netzwerkarbeiterin. Selbsthilfe ist als eine Ergänzung zu bestehenden öffentlichen Hilfsangeboten zu sehen. Es handelt sich im Mehrgenerationenhaus Pattensen sowohl um psychologisches Empowerment, das auf die Stärkung Einzelner und ihrer Kompetenzen zielt, als auch bzw. vor allem um politisches Empowerment, das auf institutioneller und struktureller Ebene Selbstorganisation und Partizipation ermöglicht. Politisches Empowerment bedeutet also auch Sozialveränderung, d.h. im eindeutig sichtbare und messbare Veränderungen der Lebenswelt durch das soziale Engagement im öffentlichen Raum. Die BesucherInnen des Mehrgenerationenhauses werden beim Erwerb partizipatorischer Kompetenz, dem Aufbau von Solidargemeinschaften sowie der Einforderung von Teilhabe und Mitverantwortung in der (lokal) politischen Öffentlichkeit unterstützt. Eltern treten gemeinsam mit anderen für die Veränderung bzw. Verbesserung der vorhandenen Rahmenbedingungen zur Vereinbarkeit von Beruf und Familie ein oder werden zumindest auf den Weg gebracht. Sie werden befähigt auch in Zukunft und ohne fremde Hilfe die Vereinbarkeit betreffende Probleme zu lösen.

---

[204] zit. Herriger in: Stimmer (Hrsg.): Seite 654

6 Der Beitrag Sozialer Arbeit im Mehrgenerationenhaus – Ein Resümee

In dieser Arbeit ist deutlich geworden, dass das Thema Vereinbarkeit von Beruf und Familie vielschichtig und umfangreich ist. Dies wurde zuerst deutlich in der Definitionsfindung des Begriffs Familie, der für diese Arbeit als ein System von einem oder zwei Erziehungsberechtigten und einem Kind, welches über einen längeren Zeitraum zusammen lebt gefasst wurde. In den Ausführungen zu den gesellschaftlichen Bedingungen, in denen Familie stattfindet wurde deutlich, dass diese sich in einer Zeit der Umbrüche orientieren muss. Durch die Individualisierung, Pluralisierung und Enttraditionalisierung der Lebensverhältnisse herrscht ein Mangel an Orientierung und damit zusammenhängend eine große Verunsicherung der Individuen. Dies setzt auch Familien unter Stress und kann aus verschiedenen Gründen negative Auswirkungen auf deren Zusammenleben haben. Individuen stürzen in Krisen, da sie für die Entscheidungen und Lebensprobleme keine Antworten finden, da es keine „Normalbiographie" oder vorgeschriebene Wege mehr gibt. Sie sind gezwungen neue, eigene Lösungen zu finden, was sie vermehrt überfordert. Sie sind befreit und gezwungen zur Gestaltung ihres „Eigenen Lebens". Dies gilt insbesondere auch für die Frau.

Im Bezug auf die Familie wirkt sich dies insofern aus, dass sich neben der traditionellen Familie (Vater, Mutter – meist verheiratet – und Kind) viele verschiedene andere Lebensformen entwickelt haben. Es handelt sich jedoch keinesfalls um den Verfall der Familie oder deren Bedeutungsverlust, vielmehr ist die traditionelle Familie laut Umfragen weiterhin die bevorzugte bzw. angestrebte Form. Familie bedeutet für die Menschen mehr denn je Geborgenheit, Sicherheit und eine Art Ruhepol in einer sonst unruhigen Zeit.

Der Blick auf die Geschichte der Familie zeigte die Entwicklung von dem „Ganzen Haus" in der vorindustriellen Zeit zur Arbeiterfamilie bzw. traditionellen Kleinfamilie in der Zeit der Industrialisierung bis zu den vielen Familienformen heute. Wichtig zu erwähnen ist, dass im „Ganzen Haus" alle in einem Haus Lebenden zur Familie gezählt wurden (auch das Gesinde) und Produktions- und Lebensort verbunden war. Der Mann war Oberhaupt der Familie und hatte die Verantwortung für die Produktion, die Frau für den häuslichen Bereich. Sie hatte sozusagen ihr anerkanntes Hoheitsgebiet und Macht. In der Zeit der Industrialisierung fand eine Trennung des Produktions- und Lebensortes statt. Der Mann ging außer Haus der Erwerbstätigkeit nach und war für den Unterhalt der Familie zuständig, die Frau hatte weiterhin den Bereich des innerhäuslichen, familiären. Dies bedeutete die Zuweisung der Frau auf das Innen und des Mannes auf das Außen. Während der Mann seine Machtposition ungefragt und unangefochten weiter behielt verlor die Frau ihre. Dies ist (sozusagen) als Auslöser der bis heute weitestgehend bestehenden Verwiesenheit der Frau auf den Innenbereich und des Machtgefälles zwischen Mann und Frau zu verstehen.

Bei der Definition und der Bedeutung von Beruf bzw. Erwerbstätigkeit wurde klar, dass diese nicht nur der ökonomischen Sicherheit bzw. der Sicherung des Lebensunterhalts dient. Sie bedeutet auch Anerkennung, Selbständigkeit, soziale Außenkontakte, (Tages-) Strukturierung, Sinnstiftung und Identitäts- bzw. Persönlichkeitsentwicklung. Der Beruf bzw. die Erwerbstätigkeit wird als ein Lernfeld verstanden, eine besondere Form der Sozialisation, die den Erwerb spezieller Fähigkeiten und dem Ausbau von Selbstbewusstsein ermöglicht. Dies bedeutet für nicht Erwerbstätige, egal ob Mann oder Frau, dass ihnen diese Entwicklungsmöglichkeiten verschlossen bleiben. Daher ist es wichtig, wenn nicht gerecht, wenn Frauen Erwerbstätigkeit ermöglicht wird und es als Mütter auch bleibt.

Im Kapitel zur Männer- und Frauengeschichte wird auf das Verhältnis der Geschlechter zueinander eingegangen. Die bezahlte Erwerbsarbeit wurde gesellschaftlich immer mehr wertgeschätzt, während unbezahlte Tätigkeiten wie Hausarbeit, Kindererziehung oder häusliche Pflegetätigkeiten immer weniger als Arbeit und statt dessen sozusagen als natürliche Beschäftigung von Frauen gesehen wurde. Erwerbsarbeit wurde Männersache, Haushalt und privates Leben dagegen zur Frauensache. Frauen heute sind durch den Zugang zu Bildungsmöglichkeiten besser qualifiziert und streben diese auch an. Eine erfüllende Berufstätigkeit und eine eigenständige Existenzsicherung sind für beide Geschlechter selbstverständliche Bestandteile ihrer Lebensentwürfe; auch dies wird mittlerweile von den Frauen angestrebt. Es wird deutlich, dass Frauen vermehrt Berufe erlernen, die besser mit einer Rolle als Mutter zusammen passen, dass Frauen das Problem der Vereinbarkeit von Erwerbsarbeit und dem ihnen zugewiesenen Bereich der Familie als ihre Aufgabe sehen. Durch die weibliche Sozialisation wurde dies schon manifestiert. Mädchen werden anders als Jungen vermehrt vom „Innenbereich" sozialisiert. Sie sind schon früh auf die Familie verwiesen. Während Jungen nach außen gehen und ihre Sozialräume erobern, bleiben Mädchen damit verbundenen Erfahrungen wie Selbstbehauptung und Interessendurchsetzung sowie ihr Streben nach Eigenständigkeit verwehrt. Sie erlernen die Sorge für andere, das Zurückstellen eigener Interessen und der Orientierung auf die Familie. Sie sind fixiert auf Anerkennung von außen, definieren sich durch andere, ihre Arbeit für sie und fühlen sich stark für das Wohlergehen anderer verantwortlich. Sie erwerben vermehrt Fähigkeiten, welche sie für die Familienarbeit „qualifizieren". Frauen stehen von klein auf in einem Zwiespalt von dem Innen und dem Außen. Dies setzt sich im Konflikt der Vereinbarkeitsproblematik fort. Durch die Zuweisung dieses Bereiches, mit kaum Möglichkeiten sozialräumliche Kompetenzen zu erwerben, bleiben ihnen wichtige Erfahrungen und Kompetenzen verschlossen. Dies setzt sich fort im Erwachsenenalter bzw. in der Erwerbstätigkeit. Durch die Trennung der Zuständigkeitsbereiche von Mann und Frau auf Produktions- und Reproduktionsbereich verfestigen sich diese Fähigkeiten. Die des anderen Bereichs bleiben verwehrt. Das bedeutet eingeschränkte Entwicklungsbedingungen für beide und eine immer weitere Entfernung bzw. Entfremdung voneinander, was als Scheidungsrisiko gewertet wird. Durch die Trennung der Zuständigkeitsbereiche werden auch ihre Lebensläufe entscheidend geprägt. Trotz anerkannter Gleichberechtigung ist es noch immer so, dass Paare auf die traditionelle Arbeitsteilung zurückgreifen, sobald Kinder da sind. Männer fühlen sich mittlerweile allerdings vermehrt verantwortlich für die Erziehung ihrer Kinder, ihre Beteiligung an der Familienarbeit steigt jedoch nicht wesentlich.

Die genannten Individualisierungsprozesse bewirken auch eine Veränderung in den Lebensentwürfen von Frauen. Auch sie streben verstärkt nach „Eigenem Leben", was für die Mehrheit Erwerbstätigkeit und Unabhängigkeit aber auch Kinder und Familie bedeutet. Diese zwei gegensätzlichen Bereiche zu verbinden sehen sie aufgrund der beschriebenen Umstände als ihre Aufgabe, ihr Problem. Erschwerend kommt hinzu, dass es auch für hierfür keine „Vorlage", keine „Normalbiographie" gibt – sie muss neu entdeckt werden. Sie sind somit einer Doppelbelastung ausgesetzt. Um diese zu lösen und um der Frau beide Erfahrungsbereiche, Erwerbsarbeit mit Familienarbeit, zugänglich zu machen ist eine Vereinbarkeit wichtig. Sie bedeutet gleichermaßen eine Entlastung von Familien und damit verbunden ein Beitrag zu deren Gesundheit. Die Vereinbarkeit von Familie und Beruf wird von der unzureichenden Anzahl von Betreuungsmöglichkeiten, besonders für unter drei Jährige, die unzureichende Versorgung der Kinder nach der Schule und fehlende flexible wie kurzfristige Betreuungsmöglichkeiten. Weiterhin fehlen familienfreundliche Arbeitsbedingungen und soziale Unterstützungsnetzwerke, die bedingt durch die Modernisierungs- und Individualisierungsprozesse immer weiter wegbrechen. Familien brauchen dementsprechend eine Beseitigung dieser Mängel, aber auch Beratung in Familienfragen, Austausch über die Vereinbarkeitsproblematik und auch verbesserte (Familien-) politische Rahmenbedingungen.

Die im Mehrgenerationenhaus angebotenen familienentlastenden Angebote und Dienstleistungen bieten eine Ergänzung zu den bestehenden Betreuungsmöglichkeiten. Es bietet eine Einbindung in unterstützende Netzwerke, wie auch Beratung und Familienbildung und ist somit auch familienentlastend.

Soziale Arbeit hat die Aufgabe Menschen in der Bewältigung ihres Lebens zu unterstützen, wenn sie selbst nicht in der Lage dazu sind, ein Soziales Problem vorliegt. Hierbei handelt es sich um ein von der Öffentlichkeit anerkanntes und als veränderungswürdig angesehenes Problem, zu dessen Entschärfung Angebote empfohlen werden. Da dies wie oben erwähnt in der Vereinbarkeitsproblematik gegeben ist, besteht hier ein Auftrag für öffentliche Hilfe bzw. Soziale Arbeit. Die im Mehrgenerationenhaus stattfindende Soziale Arbeit ist eine koordinierende, vernetzende und Selbsthilfe mobilisierende Arbeit. Die Besucher werden durch sie (wieder-) bemächtigt, ihr „Eigenes Leben" zu führen, sich für ihre Interessen zu engagieren, politisch aktiv zu werden oder zumindest die Kompetenzen hierfür zu erlernen. Aus diesem Grund handelt es sich dort um das Arbeitsprinzip des Empowerment, genauer des politischen Empowerment, da die Wiederbemächtigung über den persönlichen Bereich hinaus in den öffentlichen, strukturellen, sozialräumlichen geht. Diese Arbeit wird durch die Begrenztheit des Empowermentkonzeptes wie auch institutionelle, das Mehrgenerationenhaus betreffende und politische Bedingungen beeinflusst. Hierauf wird nun eingegangen.

Der Beitrag Sozialer Arbeit und ihre Grenzen

Aufgabe der Sozialen Arbeit, besonders unter Gesichtspunkten des Empowerment, ist es Hoffnung zu verbreiten und Mut zu machen, denn es lohnt sich, etwas zu tun und es gibt Wege. Die KlientInnen der Sozialen Arbeit haben (zumindest teilweise) die Kontrolle über ihr Leben verloren. Das bedeutet, dass Ressourcen herausgefunden werden müssen, damit die Betroffenen sich wieder bemächtigen und Kontrolle über ihr Leben (zurück) gewinnen können. Die weiter oben beschriebene Pluralisierung und Individualisierung nach Beck stürzen Menschen in Krisen. Daraus ergeben sich Soziale Probleme. Bei der Hilfe der Menschen in Not muss beachtet werden, dass ein „Überstülpen" von Lebenswelten vermieden wird. Damit ist gemeint, dass der Klient sich nicht selbst entscheidet, was sein Problem ist, sondern von der Sozialen Arbeit deren Meinung sozusagen „übergestülpt" bekommt. Als besonders wichtig für die Bewältigung von schwierigen Lebenslagen gilt die Verfügbarkeit von Netzwerken als Ressource. Besonders bedeutsam sind deshalb auf der sozialen Ebene eine Einbindung in konfliktfreie soziale Netze, eine enge Bindung und emotionale wie soziale Unterstützung. Soziale Arbeit ist für die KlientInnen eine Ressource und befindet sich meist am Ende einer Verlustspirale. Wichtig in der Arbeit mit KlientInnen sind Lebenswelt- und Ressourcenanalyse. Besonders beim Empowerment wird großer Wert auf Ressourcenorientie-

90

rung statt Defizitorientierung gelegt. Soziale Arbeit setzt nicht an der Identität des Menschen, sondern am für ihn gelingenden und lebenswerten Alltag an. Funktionieren Austauschprozesse in denen Menschen sich befinden nicht, entsteht ein Ungleichgewicht, es gibt Störungen und führt beim Betroffenen zu einem Erleben von Stresssituationen. Diese können kurzfristig, langfristig oder eine Dauerbelastung sein. Kritische Ereignisse und Stress werden unterschiedlich erlebt und je mehr der Mensch die Kontrolle über sich verliert, umso mehr Beistand braucht er. Soziale Arbeit sollte eine gute Balance zwischen Konfrontation und Unterstützung sein und das jeweils angebrachte erkennen. Ein Kind bzw. die Herausforderung zur Vereinbarkeit von Beruf und Familie wird als krisenhaftes Lebensereignis empfunden. Der Lebensweltler sieht von außen und innen (aus den Augen des Klienten – innerpsychische Vorgänge und lebensweltliche Bedingungen). Der Eigensinn des Klienten hat Vorrang, ich habe aber auch einen Standpunkt zu vertreten und diesen auch mitzuteilen, dem Eigensinn des Klienten also kritisch zu begegnen. Der Klient ist Experte für seine Lebenswelt, ich als Beraterin bin Experte für den Blick von außen.

Ich sehe diese Diplomarbeit neben den erarbeiteten Zusammenhängen auch als einen Beitrag zur Verständigung der Geschlechter und dem Verständnis für und der Aufklärung über die Problematik vieler Frauen mit der Vereinbarkeit von Beruf und Familie.

Frauen wollen vermehrt arbeiten gehen, „ausgelöst" durch den Individualisierungsprozess und den Wunsch nach „Eigenem Leben" (Unabhängigkeit, Selbständigkeit, Selbstverwirklichung, etc.). Sie müssen aber auch aus ökonomischen Gründen und aus Angst bei der hohen Arbeitslosigkeit bei Kinderpause den Anschluss, schlimmstenfalls den Job zu verlieren arbeiten gehen und sehen beides als Problem.

Viele Frauen aus meinem Bekanntenkreis wissen von der fehlenden Unterstützung der Männer bei der Arbeit im Haushalt auch ohne Kinder zu berichten. Dies bedeutet eine starke (seelische) Belastung und Konfrontationen, wie Auseinandersetzungen, was die Beziehung der Partner negativ beeinflusst und Kräfte zehrt. Wie viel schwerer muss es sein mit einem Kind, der damit verbundenen Verantwortung, den neuen Aufgaben, neuen Rollen, den neuen Beziehungen. Wenn dann die Beziehung zwischen den Partnern nicht intakt ist, die Belastung durch Unzufriedenheit und Überlastung der Frau die Partnerschaft noch zusätzlich belastet, kann von einer unerfüllten und Kräfte zehrenden Verbindung ausgegangen werden. Familie bzw. das Leben mit einem Kind sollte jedoch nicht einen Verlust an Lebensqualität, sondern einen Zugewinn bedeuten.

Zum Thema Vereinbarkeit bleiben viele offene Fragen: Warum werden funktionierende Konzepte, wie in Frankreich oder anderen (nordischen) Ländern nicht wenn auch ansatzweise übernommen? Ist dies eine Frage des Geldes? Man könnte auch die Frage stellen, ob Frauen überhaupt arbeiten sollen. Soll Familie überhaupt mit Erwerbstätigkeit vereinbar sein oder wären diese zusätzlich auf den Arbeitsmarkt strömenden Frauen eher überflüssig, ja unerwünscht? Sie würden wahrscheinlich gar keine Arbeit finden bzw. die Arbeitslosenquote noch weiter erhöhen. Also macht eine „Vereinbarkeitsproblematik" erst dann Sinn, wenn die „Arbeitsmarktpolitik" wieder mehr Arbeit hergibt?! Es besteht noch immer ein Wertigkeits- und Anerkennungsproblem zwischen Familien- und Erwerbsarbeit. Wer aber hat festgelegt, dass das Geld verdienen durch Erwerbsarbeit höher zu bewerten oder wichtiger ist, als die Erziehung der Kinder und unentgeltliche Familienarbeit? Warum wird diese Arbeit an der Gesellschaft und für diese nicht entsprechend honoriert? Warum kann sie nicht entlohnt werden?

Eines ist ganz klar geworden: Vereinbarkeit von Beruf und Familie kann nicht pauschal gelöst werden. Jede Familie ist anders und auch die Probleme sind, wenn auch teilweise nur empfunden, nicht immer die gleichen sondern individuell und kontextabhängig. Was für eine Familie problematisch ist, kann für die andere völlig in Ordnung sein. Außerdem ist eine gute Verständigung der Partner zu diesem Thema – aber auch generell – wichtig.

Aufgrund der alteingesessenen Bewohner und der ländlichen Gegend gibt es Schwierigkeiten neue Strukturen in Pattensen zu implantieren und zu „veröffentlichen". Das Mehrgenerationenhaus ist aus einem Mütterzentrum entstanden und wird von vielen auch noch als ein solches gesehen und wahrgenommen. Dies ist eventuell ein Grund dafür, dass vorwiegend dieses Klientel (Frauen) geblieben ist und sich andere schwer tun. Das Prinzip eines offenen Hauses ist oftmals ungewohnt. In einer ländlichen Gegend sozusagen zuzugeben, dass eine solche Einrichtung als Hilfe in Anspruch genommen wird ist schwer, da noch jeder jeden kennt und viel geredet wird. Es handelt sich um eine durchaus konservative Gegend, in der eher das traditionelle Rollenbild vorherrscht. Hilfe zur Selbsthilfe ist vielleicht als Form der Hilfe nicht so sehr in den Köpfen verankert oder der Gedanke, dass der Besuch dort doch nichts bringt. Nicht jeder ist in der Lage, diese Form der Hilfe zu finden, sie in Anspruch zu nehmen und dann evtl. auch dort tätig zu werden. Empowerment hat also Voraussetzungen, die KlientInnen Sozialer Arbeit nicht immer erfüllen.

Ein institutioneller Stolperstein ist der hohe Zeit- und Ressourcenverbrauch einer Empowermentpraxis, denn Eltern brauchen meist umgehende Hilfe und haben keine Zeit und Kraft für Beteiligung oder Ehrenamtliche Arbeit. Es ist an erster Stelle Hilfe zur Entlastung nötig, um Zeit und Ruhe für Selbsthilfe und Wiederbemächtigung zu haben.

Auch spielt der Zeitfaktor im Mehrgenerationenhaus eine Rolle: es ist dort lediglich eine komplett ausgebildete feste Sozialarbeiterin in Teilzeit tätig. So kann nur eingeschränkt innovativ gearbeitet werden, da die zur Umsetzung neuer Projekte notwendigen Ressourcen - Zeit und qualifizierte Arbeitskraft - lediglich begrenzt zur Verfügung stehen.

Ein Problem der ehrenamtlichen Arbeit im Mehrgenerationenhaus ist, dass Frauen dort genau das weiter tun, was sie bedingt durch ihre Sozialisation auch sonst schon tun und als ihre Aufgabe begreifen, nämlich die unentgeltliche Arbeit bzw. Aufopferung für andere. Hier verschiebt sich das Problem lediglich auf andere Frauen (z.B. wenn die eigene Mutter nicht zur Verfügung steht springt eine andere ein).

In der Literatur wird über die erlernte Hilflosigkeit des Mannes im Haushalt geschrieben, die sich im wesentlichen daraus ergibt, dass die Frau sich verantwortlich fühlt und ihm die Arbeit abnimmt. Man könnte hier also durchaus von selbst gemachtem Leid durch ein an sich reißen der Hausarbeit bzw. der alleinigen Zuständigkeit hierfür sprechen. Die Frau entlastet den Mann, nimmt ihm dadurch aber auch seine Selbständigkeit. Sie hat somit Macht über ihn und behält so auch ihren Hoheitsbereich, etwas, dass nur sie (wirklich gut) kann. Sozusagen ihre Daseinsberechtigung. Sorgen Frauen so für ihre Anerkennung? Wiederbemächtigt sie den Mann, entmachtet sie sich. Ihre „Daseinsberechtigung" schwindet, sie muss sich neu definieren. Entweder darüber, neue Aufgaben und Bereiche zu suchen, die - typisch weiblich - Anerkennung geben. Dies kann ein Grund sein für die Arbeit von fast ausschließlich Frauen im Mehrgenerationenhaus, oder aber auch die fehlende Aufgabe in der Familie, da keine Kinder da sind oder schon aus dem Haus. Besser noch lernt sie Unabhängigkeit von der Anerkennung und dem Leben durch andere. Dies sehe ich als ein Ziel einer verbesserten Vereinbarkeit. Ohne dies wird sie die Familienarbeit und die (heimliche) Verantwortlichkeit nicht wirklich abgeben (können). Es könnte – sozusagen als Prävention – schon an der weiblichen Sozialisation angesetzt werden, um die „erlernte Verantwortung" für andere und damit verbunden das „erlernte schlechte Gewissen" abzulegen bzw. gar nicht erst ins Selbstbild zu integrieren. Dies setzt wiederum ein Umdenken der Eltern voraus, sowie ein Einwirken der sekundären Sozialisationseinrichtungen (Kindergarten, Schule...). Dies ist jedoch eher schwer umzusetzen und würde wiederum ausreichend Stoff zur weiteren Bearbeitung liefern. Solange Frauen dies jedoch nicht realisieren und versuchen umzusetzen, ist jeder Versuch der Vereinbarkeit, auch der Beitrag im Mehrgenerationenhaus von vornherein begrenzt.

Die Erziehung von Kindern ist durch die Auswirkungen der Individualisierung und Globalisierung heute wie oben schon erwähnt erschwert. Das Leben ist risikoreicher geworden, Arbeitslosigkeit ein ernstzunehmendes Problem. Kinder müssen also schein-bar früh genug gut genug gefördert werden, damit sie in dieser so geprägten Leistungs-gesellschaft möglichst gut mithalten können bzw. möglichst erfolgreich sind. Überlas-tung und Unsicherheit der Eltern sind nicht selten die Folge.

Weitere Begrenzungen der Arbeit im Mehrgenerationenhaus Pattensen sind, wie in an-deren Bereichen der Sozialen Arbeit auch, durch politische Entscheidungen, die Bewil-ligung wie auch Einstellung von Förderungen bedingt. Im Mehrgenerationenhaus bedeutet dies z.B. ganz konkret nach fünf Jahren die Einstellung der Förderung durch das Land Niedersachsen.

Eine Wiederbemächtigung durch Empowerment ohne den Blick in die Lebenswelt der Betroffenen ist meiner Ansicht nach nicht wirksam, denn zu berücksichtigen bleibt im-mer, dass der Klient Experte für seine Situation ist. Es ist unerlässlich, sich auf seine Sicht einzulassen, diese zu erforschen und mit ihm in einen Dialog darüber zu treten.

Unter dem Gesichtspunkt der Wichtigkeit sozialer Integration und der Tatsache, dass sozial Integrierte länger und gesünder leben, leistet das Mehrgenerationenhaus Patten-sen einen wesentlichen Beitrag zur Vereinbarkeit von Beruf und Familie. Es bietet ge-nau dies für Menschen bzw. Familien an – eine Integration in stabilisierende und entlastende Unterstützungsnetzwerke in einer Zeit, in der bedingt durch Individualisie-rungsprozesse, natürliche Netzwerke sich immer mehr auflösen. Weiterhin bietet das Mehrgenerationenhaus mit dem Wunschgroßelterndienst einen gewissen Ausgleich für diejenigen Paare, deren Eltern (bzw. meist Mütter) die Betreuung der Enkelkinder nicht leisten wollen oder können.

Viel zu wenig Unternehmen in Deutschland erkennen an, dass Mitarbeiter dann beson-ders produktiv und kreativ sind, wenn es anstelle der starren Arbeitszeitmodelle mög-lichst flexible Regeln gibt. Nur auf diese Weise lässt sich auch Berufstätigkeit und die Entwicklung stabiler Familienbeziehungen vereinbaren. In diesem Punkt hat Deutsch-land den größten Modernisierungsrückstand gegenüber den nordeuropäischen Ländern, Großbritannien, den USA und Frankreich. Obwohl klar ist: ein zurück in die alte Ar-beitsteilung zwischen Mann und Frau wird es nicht geben – allein deshalb, weil ein Einkommen heute meist nicht ausreicht, um eine Familie zu ernähren.[205] Das Thema Vereinbarkeit und die Familienpolitik sind Bereiche immer wieder neuer Ideen und

---

[205] vgl. Bertram in: Geo Wissen Nr. 34: Seite 50

Veränderungsvorschläge. Es hapert oftmals jedoch an der Umsetzung. So loben Experten zur Zeit das Elterngeld und diskutieren es als einen Weg zu mehr Kindern. Die SPD will hiermit ab 2008 Einkommenseinbußen für Eltern ausgleichen. Sie kritisierten, die finanziellen Leistungen für Familien in Deutschland trügen bislang nicht dazu bei, dass junge Menschen Kinder als Teil einer gemeinsamen Lebensplanung begreifen. Auch bei der Bekämpfung der Kinderarmut sei Deutschland im internationalen Vergleich nicht besonders erfolgreich gewesen. Das Elterngeld – orientiert an skandinavischem Vorbild – soll für ein Jahr etwa zwei Drittel des vorherigen Einkommens ersetzen und jenem Elterteil zukommen, das für die Erziehung der Kinder seine Erwerbstätigkeit unterbricht. Dadurch könne der Lebensstandard in etwa gehalten werden und somit die Entscheidung für ein Kind erleichtert werden. Kritisiert wurde, dass das Elterngeld schwächere Familien benachteilige. Auch der Ausbau der Betreuungsplätze für Kleinkinder sei eine finanzielle Fehlplanung gewesen. Auf die versprochenen Gelder, welche die Kommunen im Zuge der Umstrukturierung von Hartz IV erhalten sollten, warten diese bis heute.[206] Diese Perspektiven bzw. Vorhaben der Regierung sind meiner Ansicht nach als gut zu bewerten. Da sie sich jedoch im Wahlkampf befindet, bleibt abzuwarten, was tatsächlich umgesetzt wird und unter ökonomischen Gesichtspunkten umgesetzt werden kann. Neben ihren klassischen Zielen und Motiven Familien durch ökonomische, sozial – ökologische, pädagogische oder familieninterne Intervention in den Stand einer möglichst optimalen Erfüllung ihrer Funktionen zu versetzen, geht es heute in der Familienpolitik darum, Familienleistungen stärker als bisher anzuerkennen und auszugleichen.[207]

Fazit:

- Jeder sollte unter möglichst geringen Einschränkungen möglichst frei entscheiden können, ob er oder sie Kinder haben will oder nicht.
- Die Frau und Mutter kann Beruf und Familie nur dann vereinbaren, wenn Entlastungsmöglichkeiten gegeben sind.
- Die Voraussetzungen hierfür sind nicht in ausreichendem Maß und den speziellen und individuellen Bedürfnissen der unterschiedlichen Familien angemessen, gegeben.

---

[206] vgl. HAZ, 17. August 2005
[207] vgl. Gerlach, 2004: Seite 14

- Dies beinhaltet auch bzw. meiner Ansicht nach vor allem einen Partner, der die Frau in ihrer Entscheidung für die Erwerbsarbeit unterstützt und sie in der Familienarbeit entlastet, denn
- auch mit noch so vielen Betreuungsmöglichkeiten, finanzieller Entlastung und anderen Hilfestellungen von Seiten des Staates und der Arbeitswelt kann die Frau den Weg aus ihrer Doppelbelastung nur finden, wenn der Mann beginnt umzudenken, seine Rolle und Aufgaben neu definiert.

Diese im letzten Punkt genannte „Rollenfindung" ist bisher nicht oder noch zu selten der Fall und würde ausreichend Material für eine weitere Diplomarbeit bieten.

So lange Frau von der Leyen sich wie in der Einleitung zitiert derart angreifen lassen muss und in einer Veröffentlichung der Bertelsmannstiftung zur Vereinbarkeit von Familie und Beruf mit einer Frau und einem Kind auf der Titelbild nur die männliche Schriftform bei einem Thema, dass größtenteils Frauen betrifft genutzt wird, ist meiner Ansicht nach zum Thema „Vereinbarkeitsproblematik" noch viel zu tun. Das Buch der Bertelsmannstiftung wurde übrigens bezeichnenderweise von zwei Männern verfasst.

Die Vereinbarkeit von Beruf und Familie wird solange ein Problem bleiben, wie sie von der Gesellschaft und vor allem von den Frauen selbst nur als ihr eigenes Problem und nicht auch von Männern angesehen und akzeptiert wird.

7 Literaturverzeichnis

- **Barabas, F. K. / Erler, M.** (2002): Die Familie. Lehr- und Arbeitsbuch für Familiensoziologie und Familienrecht. Weinheim und München: Juventa Verlag, 2. völlig überarbeitete und erweiterte Auflage

- **Beck - Gernsheim, E.** (1992): Das halbierte Leben. Männerwelt Beruf Frauenwelt Familie. Frankfurt am Main: Fischer Taschenbuch Verlag GmbH

- **Beck - Gernsheim, E.** (1998): Was kommt nach der Familie? Einblicke in neue Lebensformen. München: C. H. Beck´sche Verlagsbuchhandlung, Originalausgabe

- **Beck, U.** (1986): Risikogesellschaft. Auf dem Weg in eine andere Moderne. Frankfurt am Main: Suhrkamp Verlag

- **Beck, U. / Beck - Gernsheim, E. (Hrsg.)** (1994): Riskante Freiheiten. Frankfurt am Main: Suhrkamp Verlag

- **Beck, U. et al** (1995): Eigenes Leben: Ausflüge in die unbekannte Gesellschaft, in der wir leben. München: Beck´ sche Verlagsbuchhandlung

- **Bertram, H..** Die Familie ist noch lange nicht am Ende. In: Geo Wissen Nr. 34, Seite 42 bis 53

- **Böhnisch, L.** (1999): Sozialpädagogik der Lebensalter. Eine Einführung. Weinheim und München: Juventa Verlag, 2. überarbeitete Auflage

- **Böhnisch, L. / Funk, H. (Hrsg.)** (2002): Soziale Arbeit und Geschlecht. Theoretische und praktische Orientierungen. Weinheim und München: Juventa Verlag

- **Buba, H. P. / Schneider, N. (Hrsg.)** (1996): Familie. Zwischen gesellschaftlicher Prägung und individuellem Design. Opladen: Westdeutscher Verlag GmbH

- **Bundesministerium für Familie, Senioren, Frauen und Jugend** (Hrsg.) (2004): Grundlagenpapier der Impulsgruppe Allianz für Familie. Balance von Familie und Arbeitswelt.

- **Bundesministerium für Familie, Senioren, Frauen und Jugend** (Hrsg.) (2003): Frauen in Deutschland. Von der Frauen- zur Gleichstellungspolitik. Kassel: Druckhaus Dierichs Akzidenz GmbH

- **Bundesministerium für Familie, Senioren, Frauen und Jugend** (Hrsg.) (1996): Vereinbarkeit von Familie und Beruf. Beiträge zur institutionellen Familienbildung. Stuttgart Berlin Köln: W. Kohlhammer GmbH, 3. veränderte Auflage

- **Bundeszentrale für gesundheitliche Aufklärung (Hrsg.)** (2000): Frauen leben. Studie zu Lebensläufen und Familienplanung. Kurzfassung. Köln

- **Deinet, U. / Krisch, R.** (2002): Der sozialräumliche Blick der Jugendarbeit. Methoden und Bausteine zur Konzeptentwicklung und Qualifizierung. Opladen: Verlag Leske + Budrich

- **Deutscher Verein für öffentliche und private Fürsorge (Hrsg.)** (2002): Fachlexikon der sozialen Arbeit. Frankfurt am Main: Deutscher Verein für öffentliche und private Fürsorge – Eigenverlag, 5. Auflage

- **Dienel, C.** (2002): Familienpolitik. Eine praxisorientierte Gesamtdarstellung der Handlungsfelder und Probleme. Weinheim und München: Juventa Verlag

- **Eichhorst, W. / Thode, E.** (2002): Vereinbarkeit von Familie und Beruf. Benchmarking Deutschland Aktuell. Gütersloh: Verlag Bertelsmann Stiftung

- **Engstler, H. / Menning, S.** (2003): Die Familie im Spiegel der amtlichen Statistik. Lebensformen, Familienstrukturen, wirtschaftliche Situation der Familien und familiendemographische Entwicklung in Deutschland. Berlin: Druck Vogt GmbH, Erweiterte Neuauflage

- **Erler, M.** (2000): Soziale Arbeit. Ein Lehr- und Arbeitsbuch zu Geschichte, Aufgaben und Theorie. Weinheim München: Juventa Verlag, 4. Auflage

- **Galuske, M.** (2001): Methoden der Sozialen Arbeit. Eine Einführung. Weinheim und München: Juventa Verlag, 3. überarbeitete und erweiterte Auflage

- **Geiser, K.**. Ein Rahmenkonzept für die systemische Beratung in der Sozialen Arbeit. In: Standpunkt Sozial 2 / 2000

- **Geißler, R.** (1996): Die Sozialstruktur Deutschlands. Verlag Opladen, 2.Auflage

- **Geissler; B. / Oechsle, M.**. Lebensplanung als Konstruktion: Biografische Dilemmata und Lebenslauf – Entwürfe junger Frauen. In: Beck / Beck – Gernsheim (1994): Riskante Freiheiten. Frankfurt am Main: Suhrkamp Verlag, Seite 144 bis 149

- **Gerlach, I.** (2004): Familienpolitik. Wiesbaden: VS Verlag für Sozialwissenschaften, 1. Auflage

- **Hamann, B.** (1988): Familie heute. Ihre Funktion und Aufgabe als gesellschaftliche und pädagogische Institution. Frankfurt am Main

- **Heinz, W. R.** (1995): Arbeit, Beruf und Lebenslauf. Eine Einführung in die berufliche Sozialisation. Weinheim und München: Juventa Verlag

- **Heinz, W. R.**. Berufliche und betriebliche Sozialisation. In: Hurrelmann, Klaus / Ulich, Dieter (Hrsg.): Neues Handbuch Sozialisationsforschung. Weinheim und Basel 1991: Beltz Verlag, Seite 398 bis 415

- **Herriger, N.** (2002): Empowerment in der Sozialen Arbeit. Eine Einführung. Stuttgart Berlin Köln: Verlag W. Kohlhammer, 2. überarbeitete Auflage

- **Herriger, N.**. Soziale Probleme. In: Stimmer, Franz: Lexikon der Sozialpädagogik und der Sozialarbeit. München Wien: R. Oldenbourg Verlag, Seite 645 bis 650

- **Jampert, K. et al** (2003): Familie, Kinder, Beruf. Familienunterstützende Kinderbetreuungsangebote in der Praxis. München: Deutsches Jugendinstitut e.V.

- **Jonschonek, T.** (2005): Was ist eigentlich ein Sozialraum. Arbeitspapier im Seminar Sozialraumorientierte Jugendarbeit

- **Köppel, A. (2004):** Aufgabenbeschreibung für die geschäftsführende und leitende Tätigkeit der Vorsitzenden des Vorstandes des Mobilé e.V.

- **Köppel, A. (2004):** Jahresbericht des Mehrgenerationenhaus Pattensen

- **Köppel, A.** (2005): Interview und Email – Kontakt

- **Köppel, A.**. Innovative Modelle familienunterstützender Dienstleistungen in der Region Hannover. In: Region Hannover (Hrsg.): Regionales Bündnis für Familien in der Region Hannover. Hannover 2004, Seite 57 bis 62

- **Lakemann, U.** (1999): Familien- und Lebensformen im Wandel. Eine Einführung für soziale Berufe. Freiburg im Breisgau: Lambertus Verlag

- **Leitner, S. / Ostner, I. / Schratzenstaller, M. (Hrsg.)** (2004): Wohlfahrtsstaat und Geschlechterverhältnis im Umbruch. Was kommt nach dem Ernährermodell? Wiesbaden: VS Verlag für Sozialwissenschaften, 1. Auflage

- **Meyer, T.** (1992): Modernisierung der Privatheit. Differenzierungs- und Individualisierungsprozesse des familialen Zusammenlebens. Verlag Opladen

- **Mogge – Grotjahn, H.** (2004): Gender, Sex und Gender Studies. Eine Einführung. Freiburg im Breisgau: Lambertus - Verlag

- **Nave – Herz, R.** (2002a): Familie heute. Wandel der Familienstrukturen und Folgen für die Erziehung. Darmstadt: Primus Verlag, 2. überarbeitete und ergänzte Auflage

- **Nave – Herz, R.** (2004): Ehe- und Familiensoziologie. Eine Einführung in Geschichte, theoretische Ansätze und empirische Befunde. Weinheim und München: Juventa Verlag

- **Nave – Herz, R. (Hrsg.)** (2002b): Kontinuität und Wandel der Familie in Deutschland. Eine zeitgeschichtliche Analyse. Stuttgart: Lucius & Lucius Verlagsgesellschaft mbH

- **Neidhardt, F.** (1975): Die Familie in Deutschland. In: Rosenbaum, Heidi (Hrsg.) (1978): Seminar: Familie und Gesellschaftsstruktur. Materialien zu den sozioökonomischen Bedingungen von Familienformen. Frankfurt a. M.: Suhrkamp Verlag

- **Niemer, B.**. Lust auf Kind und Job – ist das vereinbar? Ergebnisse der LBS – Familienstudie. In: BZgA (Hrsg.): Forum Sexualaufklärung und Familienplanung / Familie und Beruf. Frankfurt 2004, Seite 11 bis 14

- **Nöthen, M.**. Von der „traditionellen Familie" zu „neuen Lebensformen". In: Statistisches Bundesamt: Wirtschaft und Statistik 1 / 2005, Seite 25 bis 40

- **Oerter, R. / Montada, L. (Hrsg.)** (1998): Entwicklungspsychologie. Weinheim: Beltz Psychologie Verlags Union, 4. Auflage

- **Peuckert, R.** (2004): Familienformen im Sozialen Wandel. VS Verlag für Sozialwissenschaften, 5. Auflage

- **Pörtner, H.** (2005a): Empowerment – ein Arbeitsprinzip oder ein Handlungsmodell Sozialer Arbeit? Arbeitspapier in der Reihe Lebensweltorientierte Soziale Beratung

- **Pörtner, H.** (2005b): Empowerment und Ressourcenorientierung als handlungsleitende Konzepte in der Sozialen Fallarbeit. Arbeitspapier in der Reihe Lebensweltorientierte Soziale Beratung

- **Rerrich, M.S.** (1998): Balanceakt Familie. Zwischen alten Leitbildern und neuen Lebensformen. Freiburg im Breisgau

- **Rosenkranz, S.**. Land ohne Kinder. In: Stern 27 / 2005, Seite 24 bis 37

- **Schäfers, B.** (Hrsg.) (1998): Grundbegriffe der Soziologie. Verlag Opladen, 5. Auflage.

- **Schilling, J.** (1997): Soziale Arbeit. Entwicklungslinien der Sozialpädagogik / Sozialarbeit. Neuwied Kriftel Berlin: Hermann Luchterhand Verlag GmbH

- **Schmidt, R. / Mohn, L. (Hrsg.)** (2004): Familie bringt Gewinn. Innovation durch Balance von Familie und Arbeitswelt. Gütersloh: Verlag Bertelsmann Stiftung, 2. Auflage

- **Schmidt, U.** (2002): Deutsche Familiensoziologie. Entwicklung nach dem zweiten Weltkrieg. Wiesbaden: Westdeutscher Verlag, 1. Auflage

- **Sprey – Wessing, T. et al** (1997): Spurensuche...Eine Projektevaluation zur Vereinbarkeit von Familie und Beruf. Stuttgart Berlin Köln: Verlag W. Kohlhammer, 1. Auflage

- **Staub – Bernasconi, S.**. Soziale Probleme – soziale Berufe – soziale Praxis. In: Heiner, Maja et al (Hrsg.): Methodisches Handeln in der Sozialen Arbeit. Freiburg im Breisgau 1994

- **Stimmer, F.** (2000): Grundlagen des Methodischen Handelns in der Sozialen Arbeit. Stuttgart Berlin Köln: Verlag W. Kohlhammer GmbH

- **Wingen, M.** (1999): Balance von Familienarbeit und Erwerbsarbeit. Eine gesellschaftspolitische Aufgabe in Europa. Frankfurt am Main: Eigenverlag des Deutschen Vereins für öffentliche und private Fürsorge

Internetquellen

- **Bundesministerin für Familie, Senioren, Frauen und Jugend:** http://www.bmfsfj.de/Kategorien/reden,did=28890.html letzter Zugriff am 20.07.2005

- **Focus:** http://focus.msn.de/hps/fol/newsausgabe/newsausgabe.htm?id=13528 / Zugriff am 13.04.1005

- **Mehrgenerationenhaus:** http://www.ms.niedersachsen.de/master/C11111565_N1898929_L20_D0_I674.html Zugriff am 13.04.1005

- **Mobile – Pattensen:** http://www.mobile-pattensen.de Zugriff am 13.04.1005

- **Statistisches Bundesamt:** Familie (Definition), www-zr.destatis.de / Zugriff am 28.07.2005

- **Textor, M.R.** (1991): Familien: Soziologie, Psychologie. Eine Einführung für soziale Berufe. online unter: http://people.freenet.de/Textor/Teil1.htm und http://people.freenet.de/Te xtor/Teil2.htm Zugriff am 13.04.1005

- **Wikipedia:** http://de.wikipedia.org/wiki/Beruf#Siehe_auch; letzter Zugriff am 20.07.2005